CASSE-TÊTES

Hugo Image

Conception et réalisation : Daniel Picon

Ouvrage dirigé par Mathilde Guillier
Maquette : Vincent Fraboulet
Lecture et correction : Julie Montenot

34-36, rue La Pérouse
75116 Paris
www.hugopublishing.fr
ISBN : 9782755676914
Dépôt légal : octobre 2024
Imprimé en Chine

Voici une nouvelle année qui commence !

Plein de bonnes résolutions, vous avez décidé de résoudre un casse-tête par jour. Bravo ! Comme un coach cérébral, cette éphéméride propose des exercices qui vous feront travailler la cervelle tous les jours. Et tous les jours avec plaisir !

Des jeux de mots, de chiffres, des anagrammes, des jeux de vocabulaire, des énigmes visuelles, des additions insolites, des intrus, des bizarreries orthographiques, des rébus, des mots communs, des questions de culture générale, des jeux de cartes incomplets...

Rassemblez vos talents : perspicacité, imagination, flair, mémoire et bien sûr votre humour, et jouez ! Ces exercices quotidiens vous donneront, une fois résolus, la satisfaction de la réussite et le moral du vainqueur.

N'hésitez pas à faire « plancher » votre entourage, même les plus jeunes, sur ces jeux, ils sont ludiques et formateurs.

Un dernier conseil : ne regardez pas la solution au dos sans vous être un peu creusé la cervelle, soyez sportif, jouez le jeu !

Bonne année, amusez-vous bien !

HORIZONTAL ET VERTICAL

	1	2	3	4	5	6
1				■		
2						
3						
4	■					
5						
6						

1 - Maison provençale

Brésil réduit

2 - Accrochée

3 - Adeptes de BA

4 - Crie

5 - Ânerie

6 - Ne pas partir

1er JANVIER

8 h 48 17 h 00

Jour de l'an

	1	2	3	4	5	6
1	M	A	S		B	R
2	A	N	C	R	E	E
3	S	C	O	U	T	S
4		R	U	G	I	T
5	B	E	T	I	S	E
6	R	E	S	T	E	R

Remettez les **lettres** dans l'ordre pour retrouver leur **nationalité**.

DANIEL NOCE
RENE LIBSI
IGOR VENEN

2
JANVIER
8 h 48 17 h 02
St Basile

DANIEL NOCE - CALÉDONIEN

RENE LIBSI - BRÉSILIEN

IGOR VENEN - NORVÉGIEN

DÉCRYPTEZ CE MESSAGE

LERÉC TIQUE INÉ
HAUFF ESTPR LUC
EMENT ATIQU TAB
CLIMA EMENT LE

3
JANVIER
8 h 47 17 h 03
Ste Geneviève

LIRE VERTICALEMENT les colonnes

Le réchauffement climatique

est pratiquement inéluctable.

Retrouvez la bonne définition.

POUDRETTE, n.f.

• Boîtier comportant le fond de teint et son applicateur
• Tampon de ouate pour poudrer
• Matières fécales utilisées comme engrais
• Boîte au couvercle muni de trous pour saupoudrer
• Action de se poudrer. Se faire une poudrette

Matières fécales utilisées comme engrais

Trouvez le mot commun

à ces trois mots.

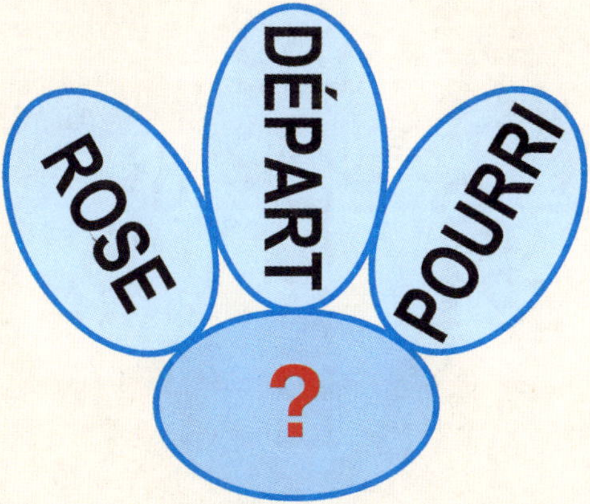

ROSE
DÉPART
POURRI
POT

À l'aide de ces mots, retrouvez le nom de trois villes.

GUIDE
QUESTION DE TEMPS
MARIONNETTE

RENNES

CAEN

PANTIN

Décodez ce langage **texto**.

7
JANVIER
8 h 46 17 h 07
St Raymond

Hélène a dansé cet été !

Émile a aimé ça.

Trouvez
les mots
en suivant le sens
des flèches.

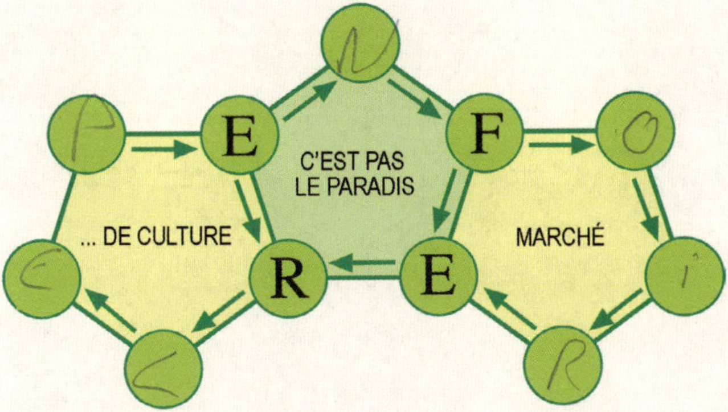

8
JANVIER
8 h 46 07 h 08
St Lucien

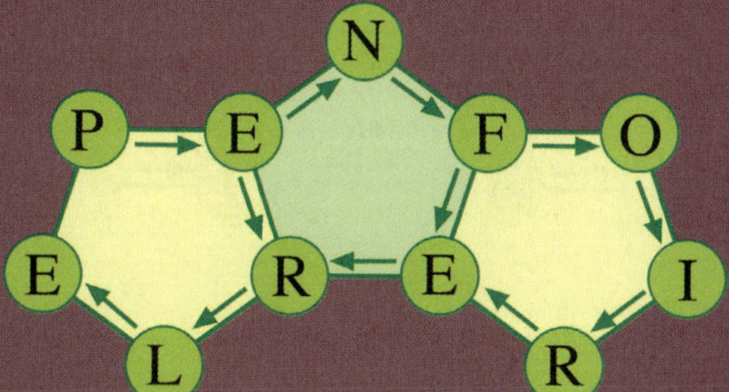
P
E
N
F
O
E
R
E
L
R
I

DÉCRYPTEZ CE DINGBATS.

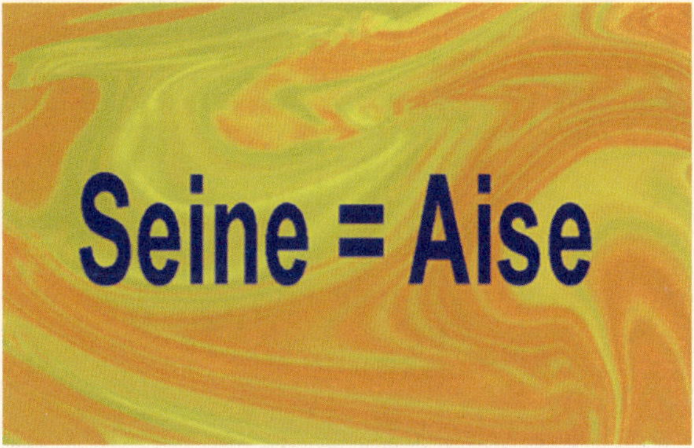

9
JANVIER

8 h 45 17 h 10

Ste Alix

Sénégalaise

SEINE ÉGAL AISE

TROUVEZ LE PRÉNOM.

10

JANVIER

8h45 17h11

St Guillaume

MARCEL

Placez des **chiffres** tous différents pour obtenir 12 sur **chaque ligne** de couleur.

11
JANVIER
8 h 44 17 h 12
St Paulin

3
8
1
7
5
2
4
6

Marc, le père de Jules,
a cinq fois l'âge de Jules.
Ensemble, ils totalisent 48 ans.

Quel est leur âge respectif ?

12
JANVIER
8 h 44 17 h 14
Ste Tatiana

Jules : 8 ans

Marc : 40 ans

Jules = 1 fois

Marc = 5 fois

48/6 = 8

Marc 8 x 5 = 40

Déplacez **1 seule** allumette pour rétablir

le bon résultat.

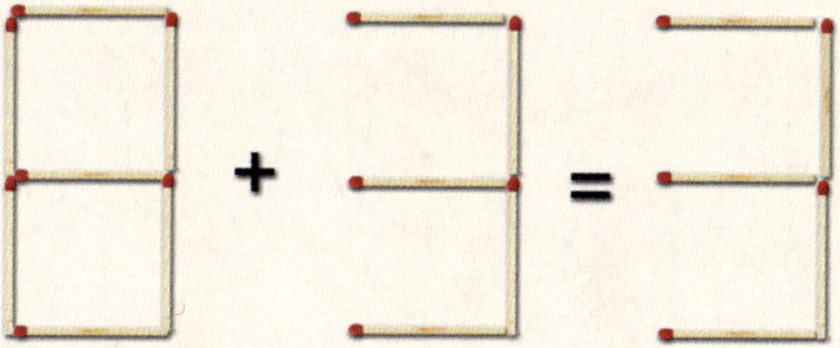

13

JANVIER

8 h 43 17 h 15

Ste Yvette

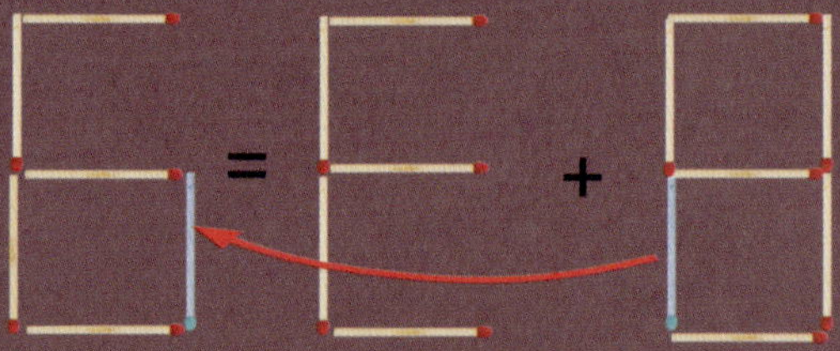

Grisez les cases qui permettent d'obtenir **une étoile** à **cinq branches.**

14
JANVIER
8h42 17h17
Ste Nina

Rejoignez les
deux points en passant
par **toutes** les cases
une seule fois.

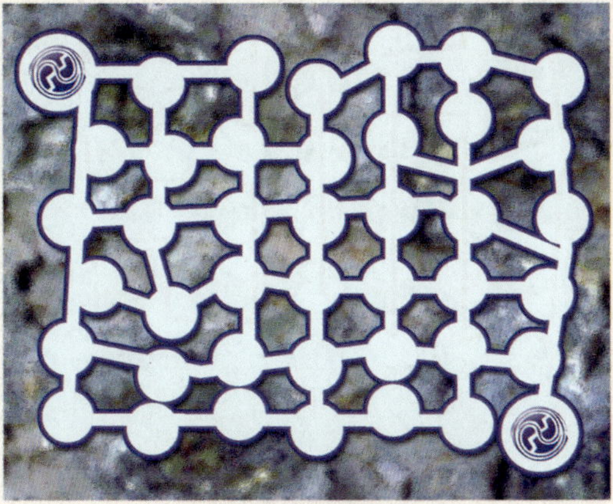

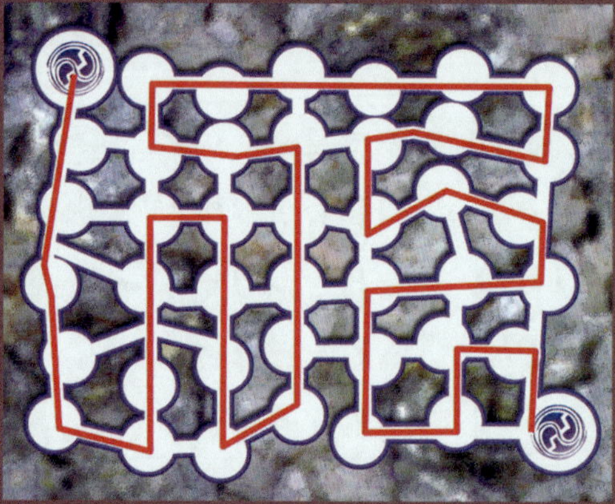

Partagez en quatre **zones égales** contenant une boule de **chaque couleur.**

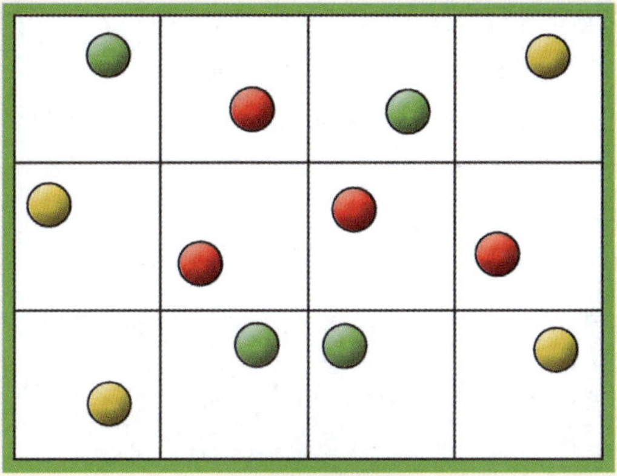

16

JANVIER

8 h 41 17 h 19

St Marcel

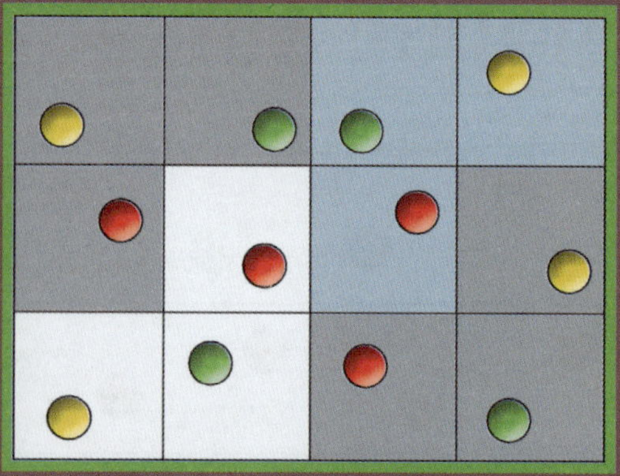

Combien de **cubes** sont nécessaires pour ajouter **un étage ?**

17

JANVIER

☀ 8 h 40 ☀ 17 h 21

Ste Roseline

9 cubes

Complétez
pour obtenir 50 dans chaque carré.

18
JANVIER
8 h 39 17 h 22
Ste Prisca

30
10
5
15
25
5
35
10
10
10
30
20
20
15
5
15

Noircissez
les cases selon les chiffres
horizontaux et
verticaux.

	2	1	3	2	3	2	2
1							
1							
2							
3							
1							
4							
3							

19
JANVIER
8 h 38 17 h 24
St Marius

2 1 3 2 3 2 2
1
1
2
3
1
4
3

Quels **nombres** viennent logiquement terminer **cette suite ?**

Les nombres du bas

sont la soustraction

des deux nombres mitoyens

du haut.

Donc

34 + 21 = 55

55 + 34 = 89

Assemblez
ces étiquettes pour former
une phrase.

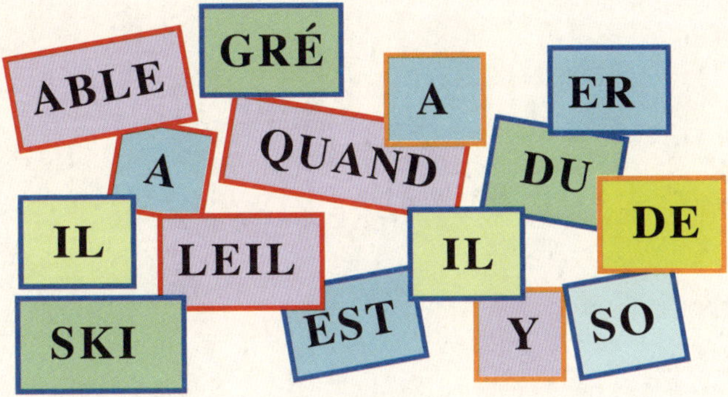

21
JANVIER

8 h 36 17 h 27

Ste Agnès

IL EST AGRÉABLE DE SKIER QUAND IL Y A DU SOLEIL.

Trouvez au moins **vingt** mots en utilisant des lettres **mitoyennes**.

E	B	P	T
D	R	U	I
B	S	L	E
R	A	N	C
S	O	L	E

ANE

BALI - BALE - BAL - BRUIT - BRUT

BAS - BANC - BRAS

CLE

RANCE - RALE - RONCE - ROLE - RUE

RAS

LIT - LUI

SOL - SALE - SALUT - SUIE

SAONE - PIE - PUR

TUILE

C'est une **horloge** ou une pendule ?

23
JANVIER
8 h 34 17 h 30
St Barnard

C'est une horloge.

Une pendule est animée
par un balancier (le pendule).
Une horloge est animée
par un mouvement mécanique
ou électronique.

CE DICTON A ÉTÉ DÉTOURNÉ.

Retrouvez l'original.

C'est dans le bon coin que l'on trouve des habits.

24

JANVIER

8 h 33 17 h 32

St François de Sales

C'est dans le besoin

que l'on reconnaît ses amis.

Trouvez le nom

d'animaux avec ces définitions.

ex. : Pas dur - Couleur

MOU - TON

MEC - EMPRESSEMENT

BRISE - DÉFORME

GAINE - TOISON

GAZELLE

CASTOR

BALEINE

Placez des nombres

tous différents

pour obtenir 21 sur chaque ligne de couleur.

10
5
3
6
7
8
11
9
4

COMPLÉTEZ CETTE OPÉRATION.

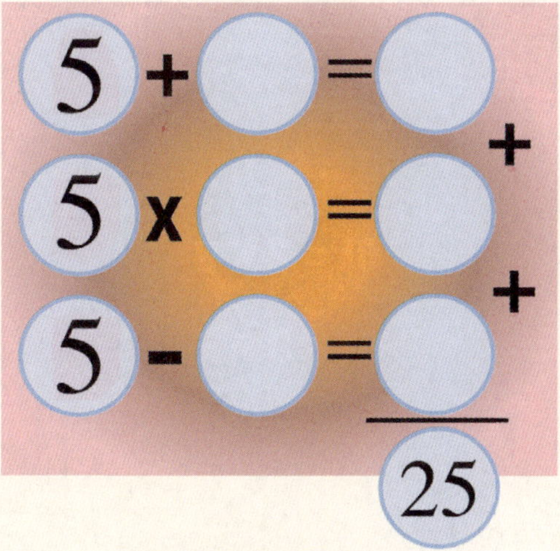

27
JANVIER
8 h 29 17 h 37
Ste Angèle

5 + 8 = 13

5 x 2 = 10

5 - 3 = 2

25

Quel nombre

vient logiquement remplacer le point d'interrogation ?

21 = 2
32 = 6
45 = 20
56 = 30
67 = ?

28
JANVIER

8 h 28 17 h 38

St Thomas d'Aquin

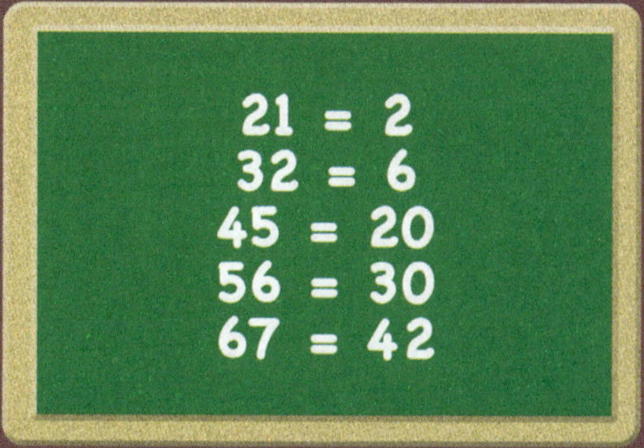

Le résultat est la multiplication des deux chiffres du nombre.

Passez de **PAYER** à **TAPER** puis à **REVER** en changeant une lettre par ligne.

P	A	Y	E	R
T	A	P	E	R

P	A	Y	E	R
R	E	V	E	R

29
JANVIER
8 h 27 17 h 40
St Gildas

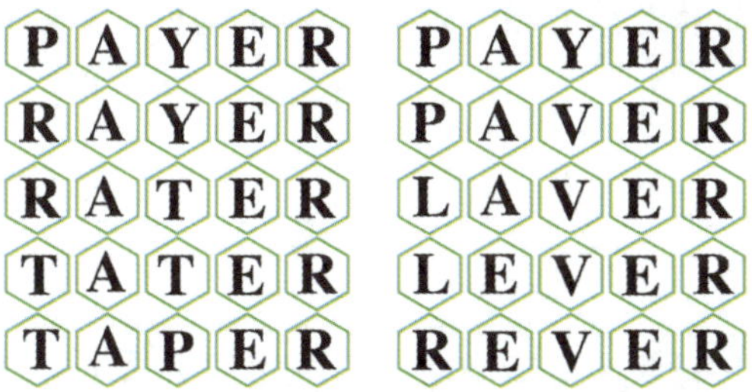

PAYER
RAYER
RATER
TATER
TAPER
PAYER
PAVER
LAVER
LEVER
REVER

Remettez les lettres dans l'ordre pour retrouver leur profession.

Lise TYST

MARC ORENI

30
JANVIER
8h26 17h41
Ste Martine

styliste

romancière

Quelle est **la valeur**
de la **carte** retournée ?

Sur les deux lignes, la dernière carte est la somme des deux autres.

Reliez les symboles identiques sans croiser le tracé.

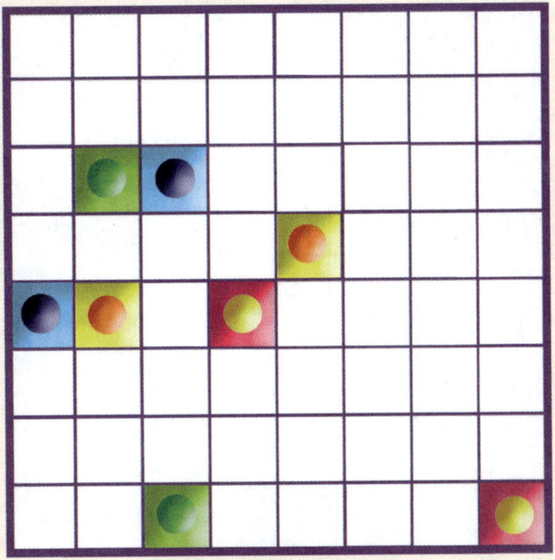

1er

FÉVRIER

☀ 8 h 24 ☀ 17 h 44

Ste Ella

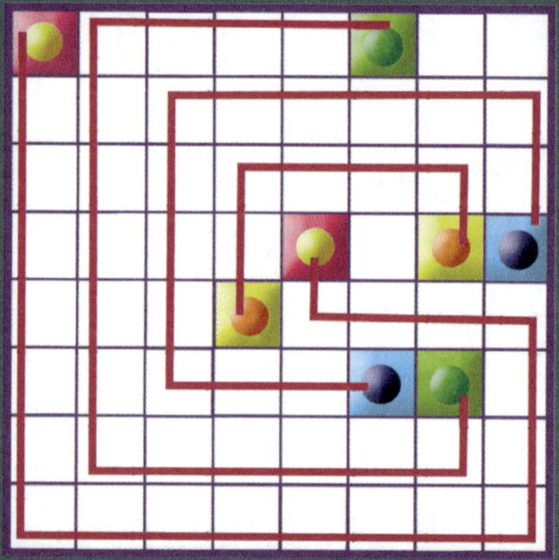

Retrouvez les trois spirales qui ne tournent pas dans le même sens que les autres.

2

FÉVRIER

8 h 22 17 h 46

Présentation du Seigneur

Quelle boule est la plus proche du cochonnet ?

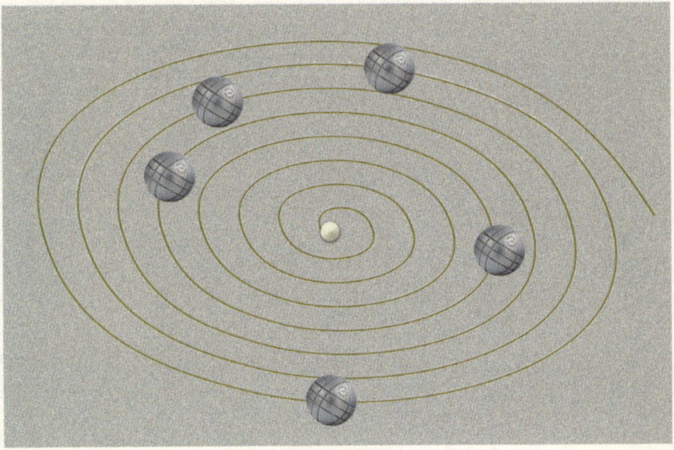

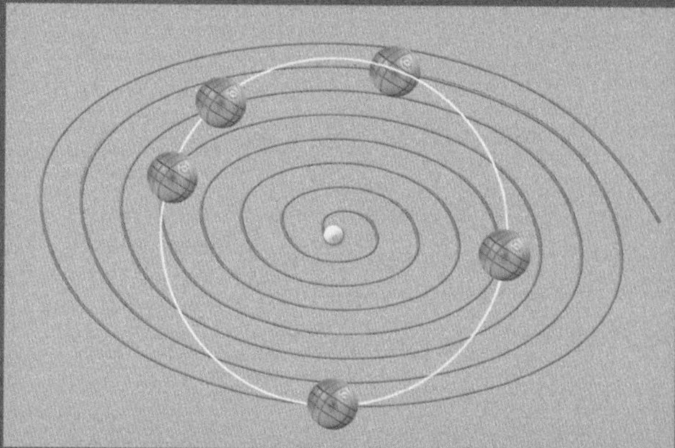

Elles sont toutes

à égale distance.

C'est une illusion d'optique.

HORIZONTAL ET VERTICAL

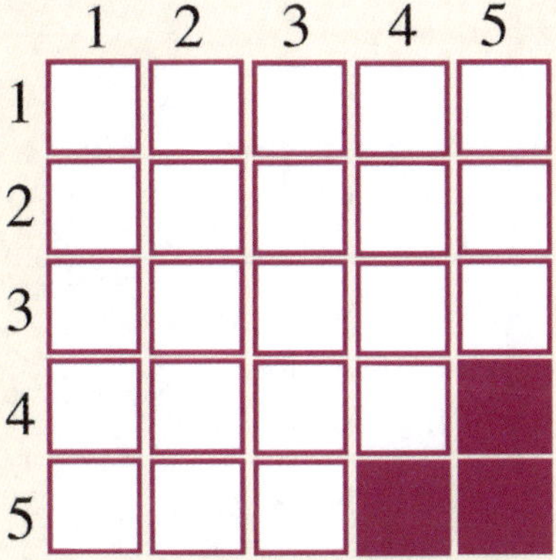

1 - Ville maghrébine

2 - Comme des chiffres

3 - Ordinaire

4 - Tripe

5 - Petit téléphone

4
FÉVRIER
8 h 19 17 h 49
Ste Véronique

	1	2	3	4	5
1	R	A	B	A	T
2	A	R	A	B	E
3	B	A	N	A	L
4	A	B	A	T	
5	T	E	L		

Passez de **CINTRE** à **PERDRE** puis à **TENDRE** en changeant une lettre par ligne.

C	I	N	T	R	E
P	E	R	D	R	E

C	I	N	T	R	E
T	E	N	D	R	E

5

FÉVRIER

8h08 17h51

Ste Agathe

CINTRE
CENTRE
CENDRE
PENDRE
PERDRE

CINTRE
CENTRE
VENTRE
VENDRE
TENDRE

Remettez les **lettres** dans l'ordre pour retrouver leur **nationalité**.

MARC NOAI
LEO BIVIN
LOIC MEBON

MARC NOAI - MAROCAIN

LEO BIVIN - BOLIVIEN

LOIC MEBON - COLOMBIEN

MODIFIEZ une seule lettre pour trouver trois autres mots.

COURSE

COURBE

BOURSE

COURGE

Trouvez le mot commun

à ces trois mots.

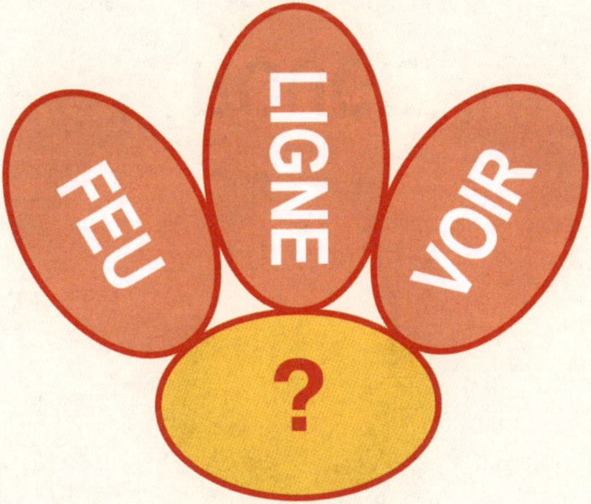

8

FÉVRIER

8 h 13 17 h 56

Ste Jacqueline

FEU
LIGNE
VOIR
ROUGE

DÉCRYPTEZ CE DINGBATS.

9
FÉVRIER
8 h 12 17 h 58
Ste Apolline

Le cours d'eau

L'E COURT D'EAU

Placez des **chiffres** tous différents pour obtenir 15 sur **chaque ligne** de couleur.

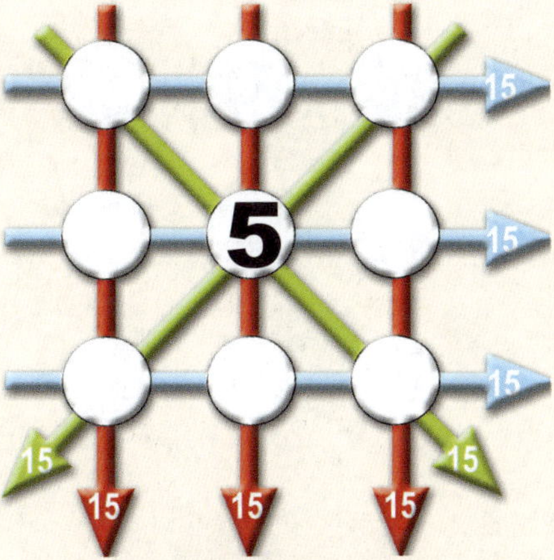

6
1
8
15
7
5
3
15
2
9
4
15
15
15
15
15
15

COMPLÉTEZ CETTE ADDITION.

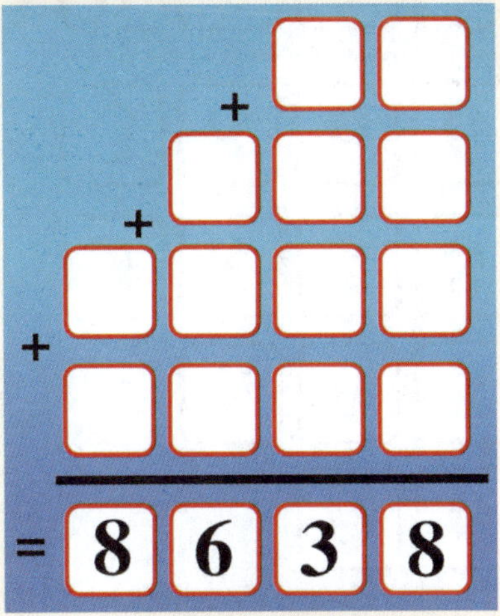

Retrouvez la valeur des lettres.

A	B	C	11
E	C	B	12
A	E	C	13
D	E	D	14
D	E	C	15

12
FÉVRIER
8h07 18h03
St Félix

3	2	6	**11**
4	6	2	**12**
3	4	6	**13**
5	4	5	**14**
5	4	6	**15**

QUELS SONT LES POINTS MANQUANTS ?

13
FÉVRIER
8h05 18h04
Ste Béatrice

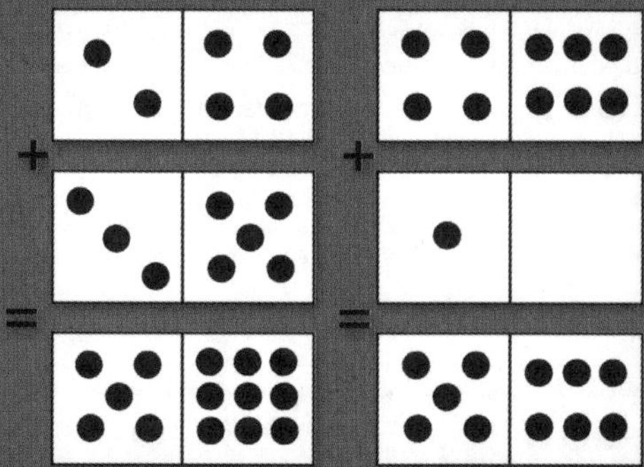

Les dominos du bas

sont la somme des deux autres.

Quelle est **la valeur** de la **carte** retournée ?

14
FÉVRIER
8 h 03 18 h 06
St Valentin

La dernière carte est la somme des trois autres dans la couleur manquante.

Retrouvez les trois profils de visages cachés dans cette image.

15
FÉVRIER
8 h 01 18 h 08
St Claude

Trouvez le bon chemin pour traverser ce labyrinthe.

16
FÉVRIER

8 h 00 18 h 09

Ste Julienne

Assemblez les lettres de ces mots pour trouver le nom d'une statue célèbre à Rhodes.

SOC + SOLE =

Assemblez les lettres de ces mots pour trouver le nom d'un vêtement.

SAC + ORGE =

17

FÉVRIER

7 h 58 18 h 11

St Alexis

SOC + SOLE = COLOSSE

SAC + ORGE = CORSAGE

Retrouvez les lettres de FRANCE.

18

FÉVRIER

7 h 56 18 h 13

Ste Bernadette

RETROUVEZ LES MOTS.

Un même symbole représente une même lettre.

1.

2.

1.

REPÉRER

2.

USURIER

USURPER

QUELLE ERREUR ?

Ce texte comporte
une erreur. Où est
est située cette erreur?
Le ciel est bleu ce matin.

EST est répété.

Retrouvez la bonne définition.

POPULICULTURE, n.f.

- Culture du peuplier
- Culture de rue, populaire
- Culture propre à une ethnie
- Culture de l'Église orthodoxe
- Culture de jardinier amateur

Culture du peuplier

CE DICTON A ÉTÉ DÉTOURNÉ.

Retrouvez l'original.

Un chien vaut mieux que deux petits rats.

22

FÉVRIER

7 h 49 18 h 19

Ste Isabelle

Un tiens vaut mieux
que deux tu l'auras.

Trouvez la couleur qui s'associe à ces mots.

DISQUE ....
PEUR ....
CORDON ....
LIGNE ....
FEU ....
SÉRIE ....
PATTE ....
RIRE ....
CARNET ....
BILLET ....
FIL ....

DISQUE d'or

PEUR bleue

CORDON bleu

LIGNE blanche - rouge

FEU rouge - vert

SÉRIE noire

PATTE blanche

RIRE jaune

CARNET rose

BILLET vert

FIL rouge

Trouvez le nom

d'animaux avec ces définitions.

ex. : Pas dur - Couleur

MOU - TON

ALLEZ ! - AVANT LE SAUT DE BON MATIN - APRÈS LA TÉTÉE

PRÉNOM - S'EN VA

24

FÉVRIER

7 h 45 18 h 22

St Modeste

GOÉLAND
TAUREAU
LÉOPARD

Assemblez
ces étiquettes pour former
une phrase.

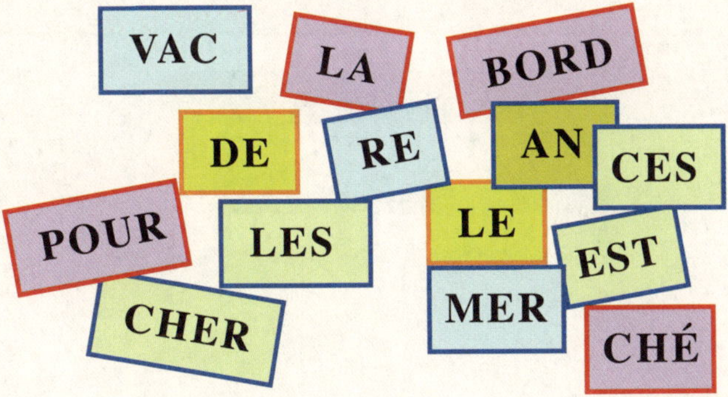

25
FÉVRIER
7 h 43 18 h 24
St Roméo

LE BORD DE LA MER
EST RECHERCHÉ
POUR LES VACANCES

Trouvez

les mots

en suivant le sens

des flèches.

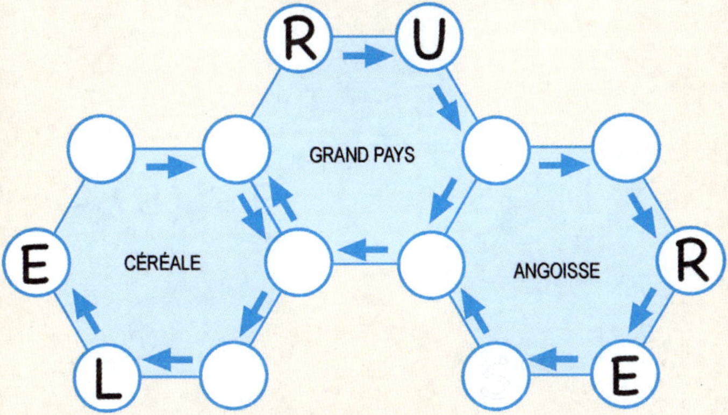

26

FÉVRIER

7 h 41 18 h 26

St Nestor

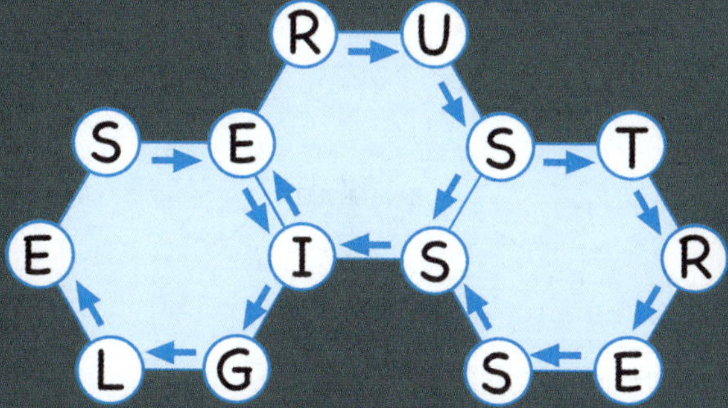

R
U
S
E
S
T
E
I
S
R
L
G
S
E

Placez des **chiffres** tous différents pour obtenir 16 sur **chaque ligne** horizontale.

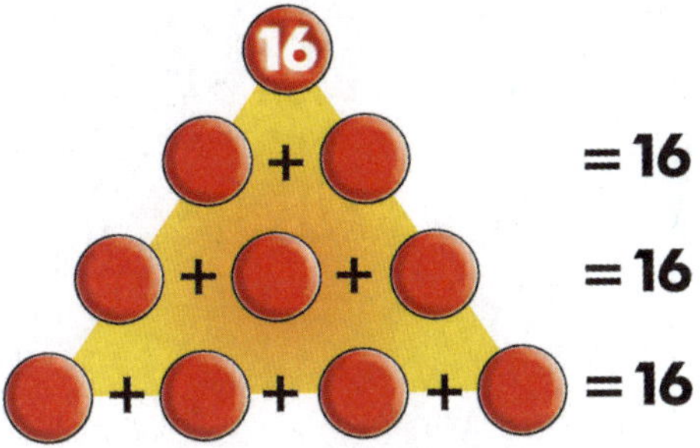

10 + 6

8 + 3 + 5

9 + 1 + 2 + 4

QUEL EST CE NOMBRE ?

Le tiers
de ma moitié
est égal à 5

28
FÉVRIER

7 h 37 18 h 29

St Romain

30

la moitié = 15

le tiers de 15 = 5

HORIZONTAL ET VERTICAL

	1	2	3	4	5	6
1						
2				■		■
3						
4		■				
5						
6		■				

1 - Espièglerie

2 - Métal en feuille

3 - Support

4 - Bousculade

5 - Acheteur

6 - Propres

1er

MARS

7 h 34 18 h 31

St Aubin

	1	2	3	4	5	6
1	M	A	L	I	C	E
2	A	L	U		L	
3	L	U	T	R	I	N
4	I		R	U	E	E
5	C	L	I	E	N	T
6	E		N	E	T	S

Passez de **PORTE** à **TENTE** puis à **LOUPE** en changeant une lettre par ligne.

P	O	R	T	E	P	O	R	T	E
T	E	N	T	E	L	O	U	P	E

PORTE	PORTE
FORTE	SORTE
FONTE	SOUTE
TONTE	SOUPE
TENTE	LOUPE

Remettez les **lettres**
dans l'ordre
pour retrouver la spécialité
de ces **musiciens.**

PETER TISTMOT
LEON TOVISI
ERIC NITASTTEL

PETER TISTMOT - TROMPETTISTE

LEON TOVISI - VIOLONISTE

ERIC NITASTTEL - CLARINETTISTE

Retrouvez les lettres de PARIS.

4

MARS

7 h 28 18 h 35

St Casimir

tcKPE
MLKGAV
EguiBM
BVFSLTH
nHNRUFC

RETROUVEZ LES MOTS.

Un même symbole représente une même lettre.

1.

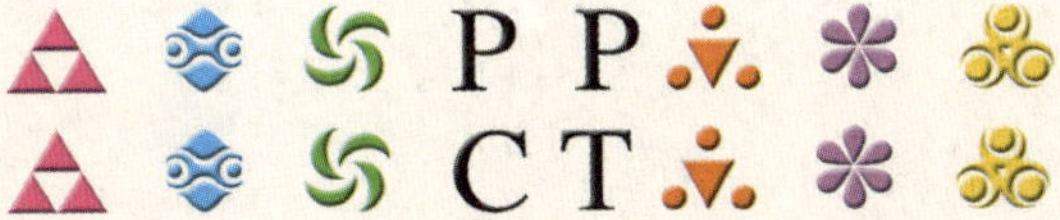

2.

OPOPRIOP

5
MARS
7 h 26 18 h 37
Ste Olive

1.

TRAPPEUR

TRACTEUR

2.

COCORICO

Ajoutez une seule lettre pour trouver trois autres mots.

CRAN

6
MARS
7 h 24 18 h 39
Ste Colette

ÉCRAN

CORAN

CRÂNE

CE DICTON A ÉTÉ DÉTOURNÉ.

Retrouvez l'original.

On est souvent très bien dans son petit chez-soi.

7
MARS
7 h 22 18 h 40
Ste Félicité

On a souvent besoin
d'un plus petit que soi.

Trouvez le mot commun

à ces trois mots.

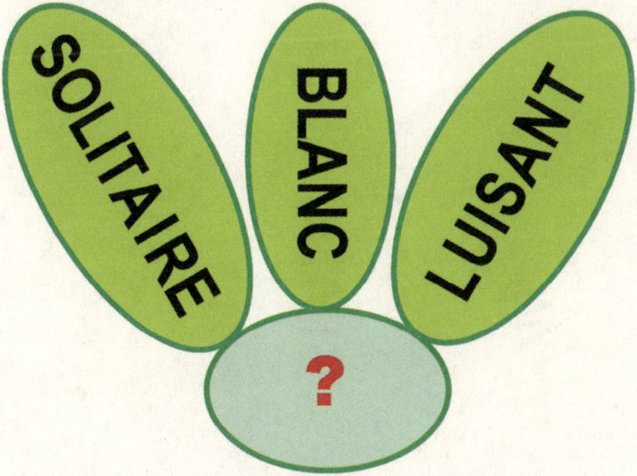

8
MARS
7 h 20 18 h 42
St Jean de Dieu

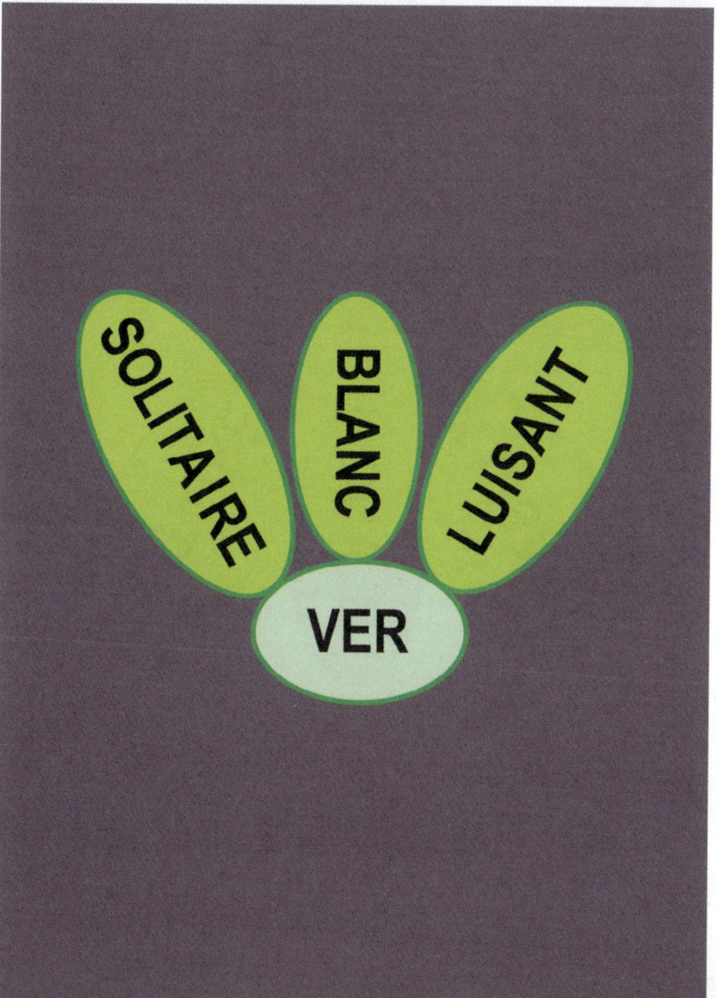
SOLITAIRE
BLANC
LUISANT
VER

Complétez les mots horizontalement pour former un mot **vertical.**

M	A		I	E
N	U		S	E
B	L		N	C
T	E		T	E
C	I		R	E

9

MARS

7 h 18 18 h 43

Ste Françoise

M	A	G	I	E
N	U	R	S	E
B	L	A	N	C
T	E	N	T	E
C	I	D	R	E

À l'aide de ces mots,
retrouvez
le nom de
trois villes.

AVANT CE JOUR
NOMBRE DE MERVEILLES
SUPPORT

10
MARS
☀ 7h16 ☀ 18h45
St Vivien

HYÈRES

SÈTE

CANNES

Décodez
ce langage **texto**.

11
MARS
7h14 18h46
Ste Rosine

Emma a cédé ces émaux à Dédé.

DÉCRYPTEZ CE DINGBATS.

12
MARS
7 h 11 18 h 48
Ste Justine

Un souper

UN SOUS P

Placez des **chiffres** tous différents pour obtenir 15 sur **chaque ligne** de couleur.

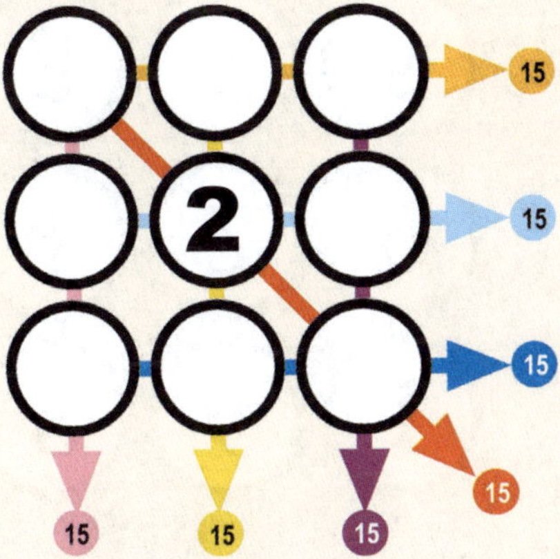

13
MARS
7 h 09 18 h 49
St Rodrigue

8
6
1
15
4
2
9
15
3
7
5
15
15
15
15
15

Certains mots

sont mal orthographiés ?

Lesquels ?

GAFFE - BAFFE - GAUFFRE

GRAMME - TRAME - BRAMME

ERREUR - ERRAFLER - ERAFFLER

INNONDER - INNOCENT - INOCCUPÉ

14
MARS
7h07 18h51
Ste Mathilde

GAUFRE

BRAME

ÉRAFLER

INONDER

Placez des **chiffres** tous différents pour obtenir 14 sur **chaque ligne**.

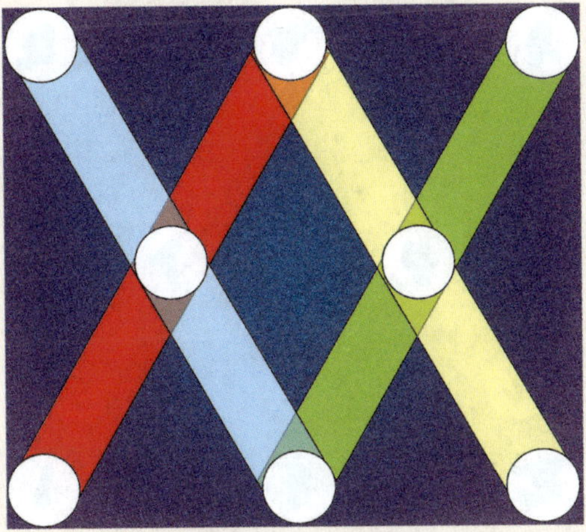

15
MARS
7 h 05 18 h 53
Ste Louise

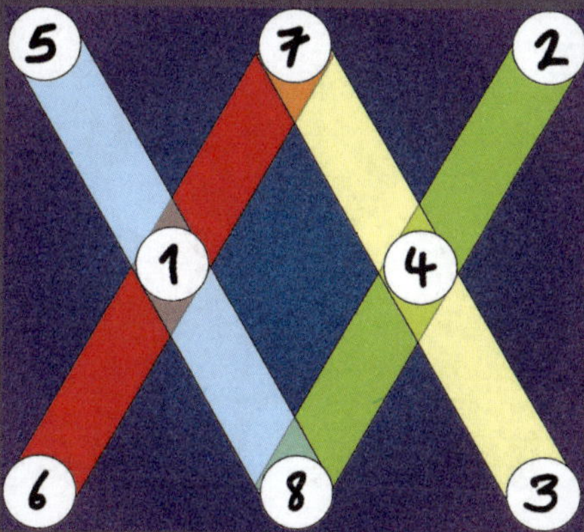
5
7
2
1
4
6
8
3

TROUVEZ LA VALEUR DE ABC

dans cette curieuse opération.

$$A + A = BC$$
$$A \times A = CB$$

9 + 9 = 18

9 x 9 = 81

Quelle est la valeur de chaque pion ?

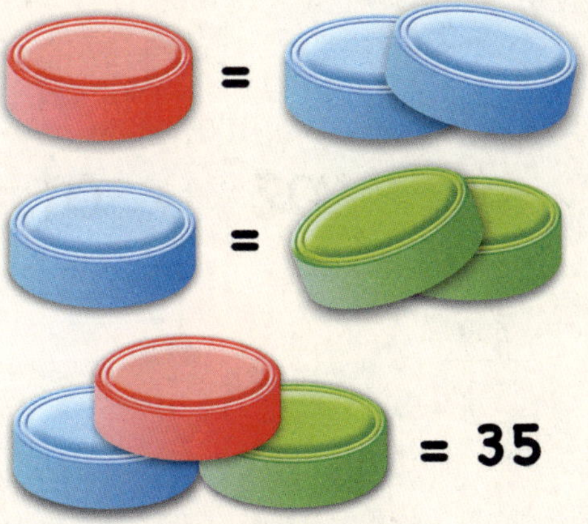

17
MARS

7 h 01 18 h 56

St Patrick

10
20
5

QUELS SONT LES POINTS MANQUANTS ?

18
MARS
6 h 59 18 h 57
St Cyrille

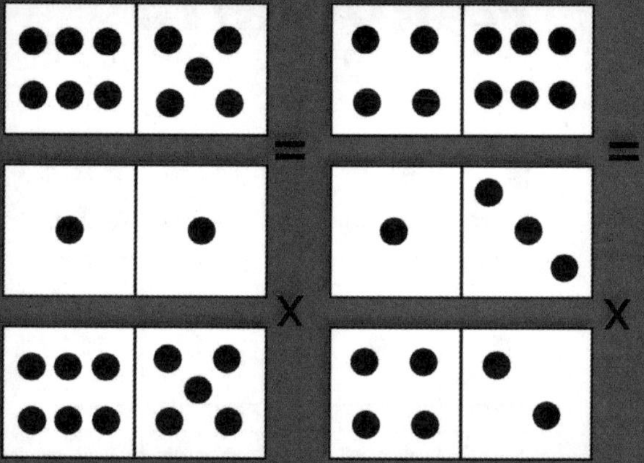
=
X
=
X

Déplacez **1 seule** allumette pour rétablir **le bon résultat.**

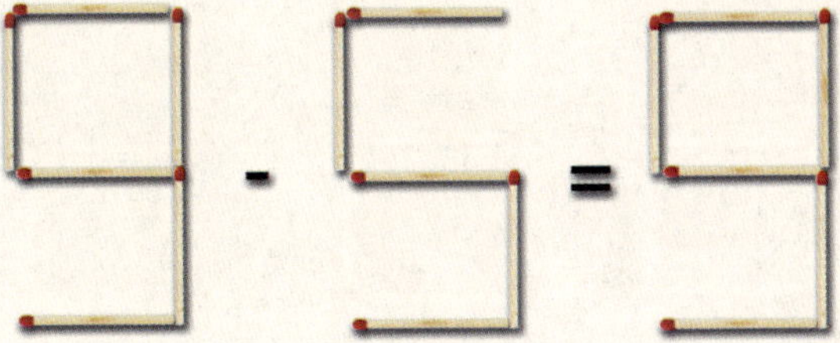

19

MARS

6 h 57 · 18 h 59

St Joseph

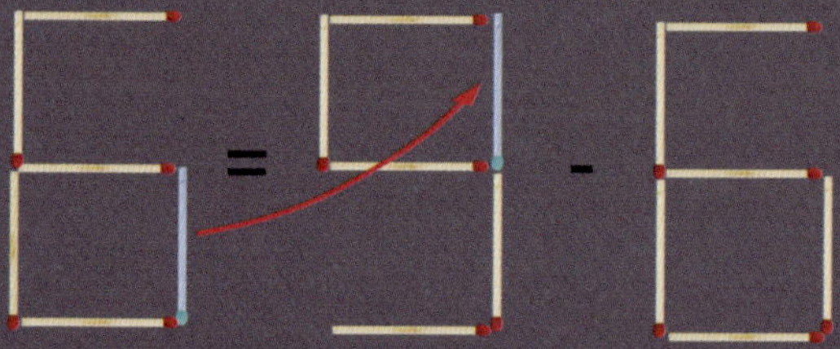

Reliez les chiffres dans l'ordre, sans croiser le tracé.

1								
					8		6	
	10							3
	2							
				9		7		
							5	
4								

20
MARS

6h55 19h00

Printemps • St Herbert

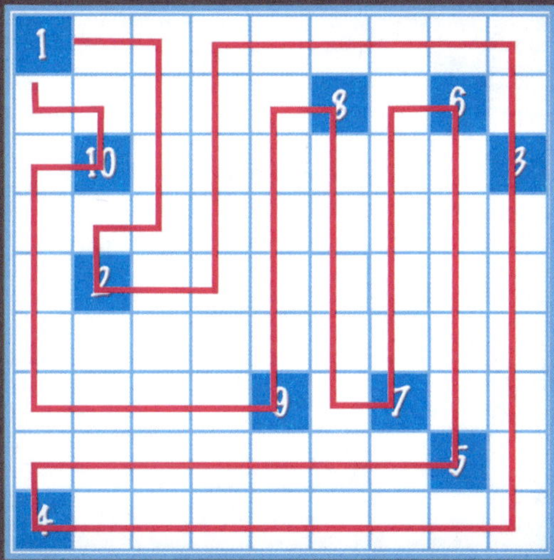
1
8
6
10
3
2
9
7
5
4

CHASSEZ L'INTRUS.

21
MARS

☀ 6 h 53 ☀ 19 h 02

Ste Clémence

Les figures intérieures sont collées à un côté sauf sur le rectangle.

Rejoignez les deux points en passant par **toutes** les étoiles **une seule fois.**

22

MARS

☀ 6h51 ☀ 19h03

Ste Léa

Déplacez une seule pièce pour obtenir deux lignes de **quatre** pièces.

23
MARS
6 h 48 19 h 05
St Victorien

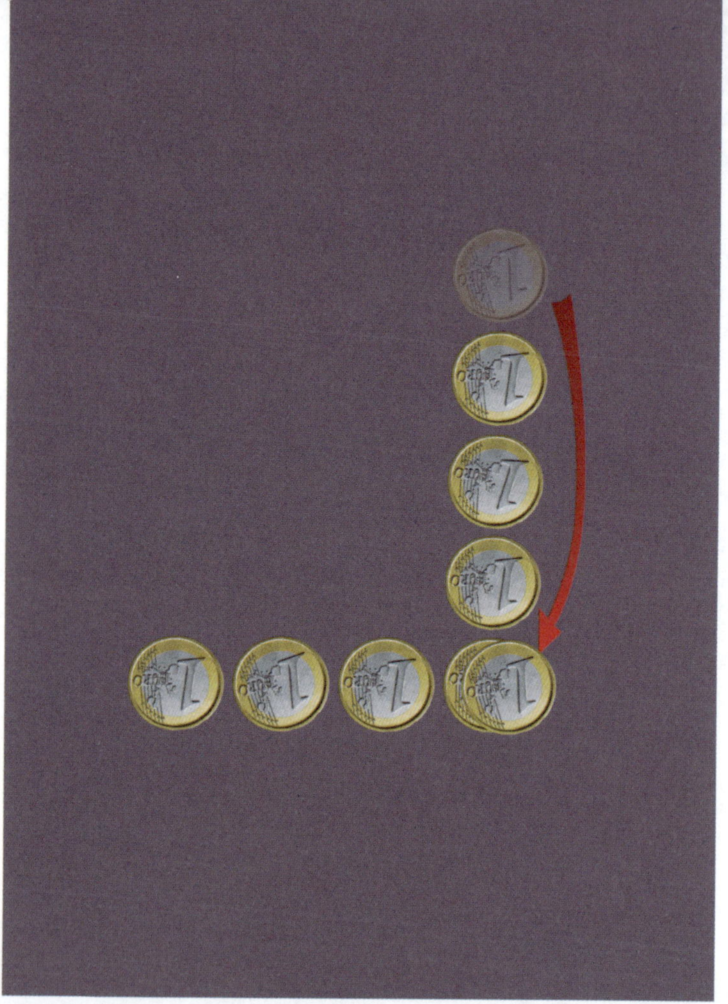

Trouvez

les mots

en suivant le sens

des flèches.

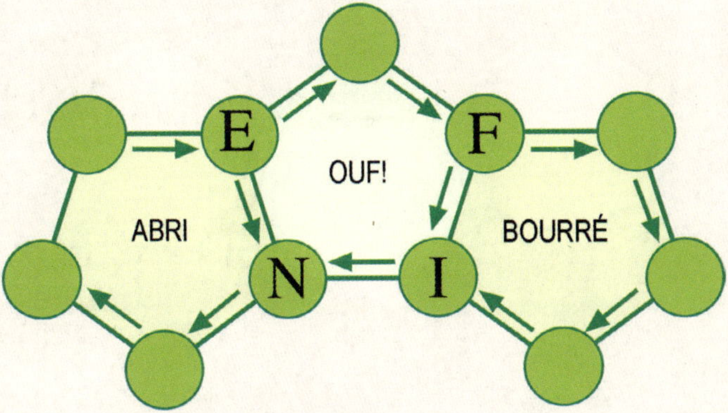

24
MARS
6 h 46 19 h 06
Ste Catherine de Suède

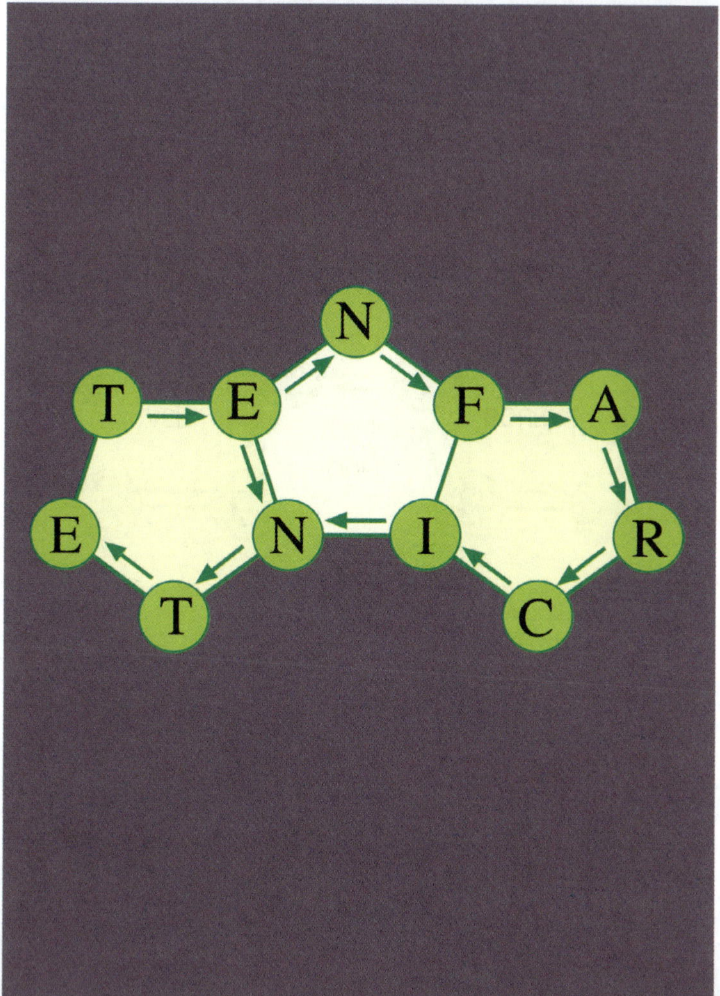
N
T
E
F
A
E
N
I
R
T
C

Assemblez
ces étiquettes pour former
une phrase.

EST EAU LA

NÉ À CESS

VIE AIRE L'

25
MARS
6 h 44 19 h 08
St Humbert

L'EAU EST NÉCESSAIRE À LA VIE.

Retrouvez la bonne définition.

SOLIN, n.m.

- Marais salant en création
- Partie assurant l'étanchéité
- Résidus non utilisables d'un marais salant
- Sol préparé pour une construction
- Poutrelle de béton armé

26
MARS

6h42 19h09

Ste Larissa

Partie assurant l'étanchéité

Retrouvez le nom d'une ville dans chaque ligne.

ENTSETEIRTPO

SADMACONRTI

TRUARRASIER

VRAINANCYESAL

PRACOLMARICEL

BRNUILAVALIERT

27
MARS
6 h 40 19 h 11
St Habib

ENTSETEIRTPO

SADMACONRTI

TRUARRASIER

VRAINANCYESAL

PRACOLMARICEL

BRNUILAVALIERT

Ajoutez les lettres de ces mots pour trouver le nom d'une ville.

M E L O N + A U G E

M A N O N + T U B A

S N O B + C A E N

28
MARS
6 h 38 19 h 12
St Gontran

ANGOULÈME

MONTAUBAN

BESANÇON

Trouvez VINGT

mots de trois lettres qui ont O en commun.

	O			O	
	O			O	
	O			O	
	O			O	
	O			O	
	O			O	
	O			O	
	O			O	
	O			O	
	O			O	

BOL

COL

COR

DOT

FOI

LOI

MOI

MON

NOM

MOU

MOT

POT

POU

ROC

ROI

ROT

SOL

SOT

SOC

TOT

Déchiffrez ce texte.

Là-bas, l'Aisne étain sept assez.

30

MARS

6 h 34 19 h 15

St Amédée

La baleine est un cétacé.

Placez des chiffres tous différents pour obtenir 15 sur chaque ligne.

2
3
4
5
6
7
8

REMPLACEZ LES LETTRES PAR LES CHIFFRES.

A	B	C
D	E	F
G	H	I

A = 2
D = G + E
B = A + H
I = 2 x B
F = 2 x E
C = B + E
H = A / 2
E = A x 2
G = A + B

1er
AVRIL
7 h 30 20 h 18
St Hugues

2	3	7
9	4	8
5	1	6

H = A/2 soit 1

B = A + H soit 3

etc.

Complétez cette addition.

			8	
+				4
=	3	3	3	3

2

AVRIL

7 h 28 20 h 19

Ste Sandrine

$$\begin{array}{r} 1889 \\ +\ 1444 \\ \hline =\ 3333 \end{array}$$

Quelle est la valeur du café et du croissant ?

 = 1,50€

 = 1,50€

Quel nombre est égal à son double moins 20 ?

4
AVRIL
7 h 23 20 h 22
St Isidore

20 !!

20 x 2 = 40

40 - 20 = 20

Remplacez
les symboles par des chiffres pour vérifier cette addition.

5
AVRIL
7 h 21 20 h 24
Ste Irène

$$
\begin{array}{r}
259 \\
+\ 259 \\
+\ 259 \\
\hline
=\ 777
\end{array}
$$

Déplacez 1 seule allumette pour rétablir le bon résultat.

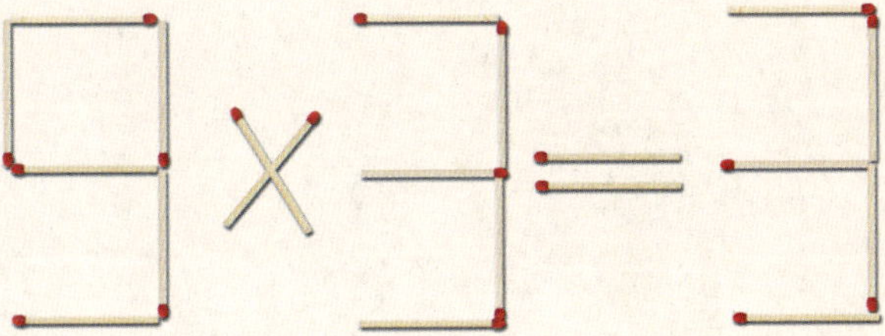

Quelles sont les couleurs des carrés vides ?

7
AVRIL
7 h 17 20 h 27
St Jean-Baptiste de La Salle

Reliez les chiffres dans l'ordre, sans croiser le tracé.

1								
		10				6		
			5					
	7						4	
		3			2			
								8
9								

1
10
6
5
7
4
3
2
8
9

Cette horloge présente une anomalie.

Laquelle ?

9
AVRIL
7 h 13 20 h 30
St Gauthier

La trotteuse est trop longue.

Trouvez les deux maillots identiques.

TROUVEZ LE PRÉNOM.

11
AVRIL
7 h 09 20 h 33
St Stanislas

JULIEN

DÉCRYPTEZ CE DINGBATS.

12
AVRIL
7 h 07 20 h 34
St Jules

C'est incertain

7 UN SERRENT TIN

Trouvez

les mots

en suivant le sens

des flèches.

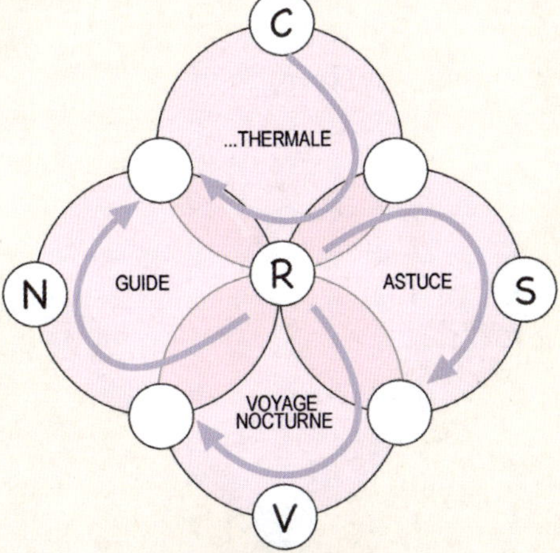

13
AVRIL
7 h 05 20 h 36
Ste Ida

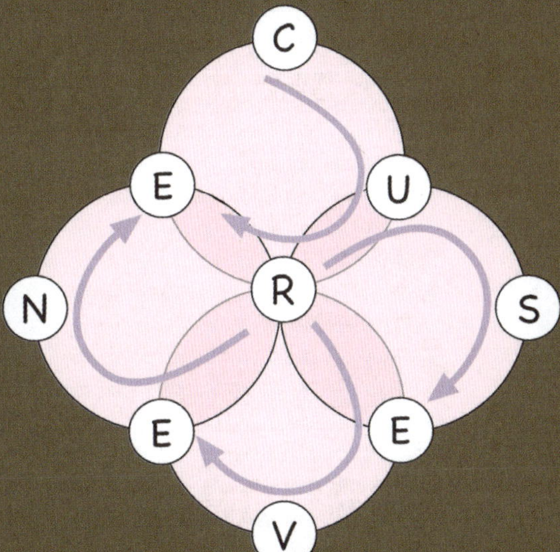
C
E
U
R
N
S
E
E
V

Décodez
ce langage texto.

14
AVRIL

7 h 03 20 h 37

St Maxime

Hélène a chaud.

Elle a ôté ses hauts.

Sur le principe humoristique « Monsieur et madame ont un fils, une fille... », reliez les prénoms aux noms appropriés.

ALICE	QUITÉ
ANNA	ZET- AUFFRAY
EMMA	LPHABETE
AUDE	USABLE
MARINA	RESTE
EVE	JUMIDE
CARLA	TATOUILLE
LARA	BONNE
MÉLANIE	NASSE
ANNA	JAVEL
LINE	VOILE

ALICE	BONNE
ANNA	NASSE
EMMA	QUITÉ
AUDE	JAVEL
MARINA	VOILE
EVE	RESTE
CARLA	JUMIDE
LARA	TATOUILLE
MÉLANIE	ZET- AUFFRAY
ANNA	LPHABETE
LINE	USABLE

Retrouvez dix pays en groupant deux étiquettes.

16
AVRIL

6 h 59 20 h 40

St Benoît-Joseph

NOR VEGE
ESPA GNE
PORT UGAL
BEL GIQUE
ITA LIE
POL OGNE
FIN LANDE
AUT RICHE
IRLA NDE
ISLA NDE

Quel mois vient à la suite de cette liste ?

AOÛT
AVRIL
DÉCEMBRE
FÉVRIER
JANVIER
JUILLET
JUIN
MAI
........?

Les mois sont classés par ordre alphabétique. Donc MARS

Trouvez au moins **vingt** mots en utilisant des lettres **mitoyennes**.

P	U	N	C
R	S	I	U
A	E	S	R
N	R	E	S
T	O	N	E

18
AVRIL
☀ 6 h 56 ☀ 20 h 43
St Parfait

PRESSE - PRESSER - PUIS - PUNIR

PUISER - PUR

RUSE - REIN - RENTRER - RENTREE

RARE - RASE - RENE

AERER - ASIE - AEREE - ANE - ANTRE

CUIR - CIRE - CUISSE - CURE - CURER

TRES - TROENE - TORSE - TON

TRESSE - TRONE - TRONER

SEIN - SANTON

ENTREE - ERE - ENTRER

NASSE - USER

Retrouvez les cinq villes cachées dans ce texte.

J'étais à jeun quand j'ai pris le train de vingt-trois heures sept hier soir.

AGEN - CAEN - TROYES

SÈTE - HYÈRES

Complétez les mots horizontalement pour former un mot vertical.

C	O		S	E
C	R		B	E
C	I		L	E
C	A		M	E
C	R		T	E

20

AVRIL

6 h 52 · 20 h 46

Pâques • Ste Odette

C	O	S	S	E
C	R	A	B	E
C	I	B	L	E
C	A	L	M	E
C	R	E	T	E

CE VERRE EST CASSÉ OU BRISÉ ?

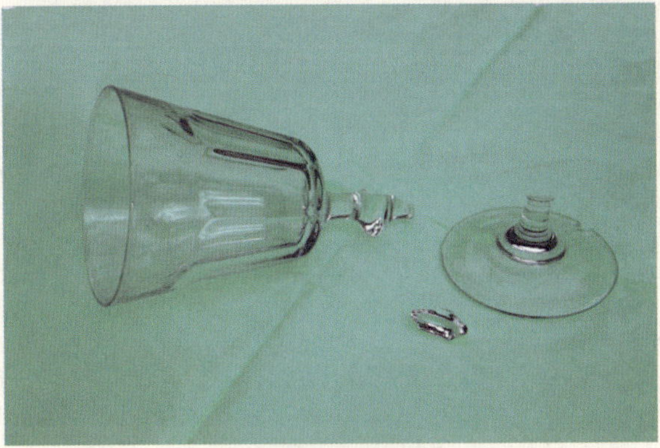

21

AVRIL

☀ 6 h 50 ☀ 20 h 48

Lundi de Pâques • St Anselme

Il est cassé et brisé
en plusieurs morceaux.

Trouvez le mot commun

à ces trois mots.

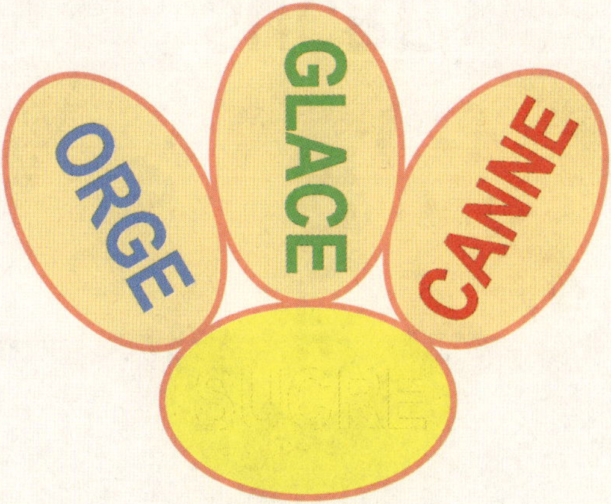

22
AVRIL
6 h 48 20 h 49
St Alexandre

ORGE
GLACE
CANNE
SUCRE

Retrouvez les titres de films qui sont le négatif ces titres.

La vie devant soi
Les séparations faciles
La marraine
Les parents de l'enfer
La petite vérité

La Mort aux trousses

Les Liaisons dangereuses

Le Parrain

Les Enfants du paradis

La Grande Illusion

CE DICTON A ÉTÉ DÉTOURNÉ.

Retrouvez l'original.

Qui vole une meuf, craint les keufs.

Qui vole un œuf vole un bœuf.

HORIZONTAL ET VERTICAL

	1	2	3	4	5	6
1						
2						■
3						
4					■	
5				■		
6		■				

1 - Gaine

2 - Bois à panier

3 - Traditionnel

4 - Isolé

5 - Long temps - Sans rien

6 - Peur de brebis

	1	2	3	4	5	6
1	C	O	R	S	E	T
2	O	S	I	E	R	
3	R	I	T	U	E	L
4	S	E	U	L		O
5	E	R	E		N	U
6	T		L	O	U	P

REMPLACEZ LES LETTRES PAR DES CHIFFRES. L'ADDITION SERA EXACTE.

Une même lettre représente un même chiffre.

26
AVRIL
6 h 41 20 h 55
Ste Alida

$$\begin{array}{r} 858 \\ +\ 858 \\ \hline =\ 1716 \end{array}$$

Placez des **chiffres** tous différents pour obtenir 15 de **chaque côté** du triangle.

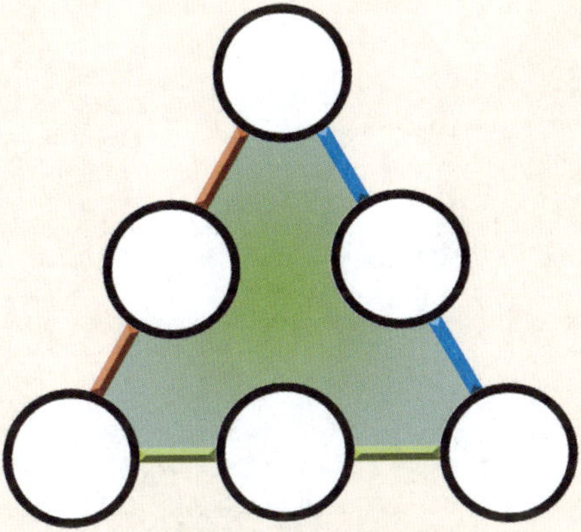

6
5
1
4
3
8

QUE SIGNIFIENT CES LOGOS ?

HDMI
USB
DVD

**High-Definition
Multimedia Interface**

Universal Serial Bus

**Digital Versatile Disc
(Disque numérique polyvalent)**

Quel prénom vient à la suite de cette liste ?

LUCIE
MARTIN
MARIE
JONAS
VIRGINIE
SAMUEL

?

JULES - DIDIER - AMANDINE
LÉA - DENISE

Les prénoms commencent
par les initiales des jours
et alternent un garçon et une fille.
**C'est donc Didier qui suit
(Dimanche).**

RETROUVEZ LES MOTS QUI SE PRONONCENT PAREIL.

PASSAGE - TOUR DE COU
SUBIR - VIDER
POURCENTAGE - À L'AUBE

30
AVRIL
6 h 34 21 h 01
St Robert

COL

ÉCOPER

TAUX - TÔT

DÉCHIFFREZ CE TEXTE.

L'heure reste haut rate
heure saine et galet
haie treize à bile.

1er
MAI

6 h 32 21 h 02

Fête du travail • St Jérémy

Le restaurateur sénégalais est très habile.

Complétez les mots horizontalement pour former un mot **vertical.**

T	A	R		A	N
R	O	M		I	N
B	R	U		O	T
A	R	C		A	U
G	L	A		D	E
M	A	S		I	C

T	A	R	T	A	N
R	O	M	A	I	N
B	R	U	L	O	T
A	R	C	E	A	U
G	L	A	N	D	E
M	A	S	T	I	C

Trouvez le mot commun

à ces trois mots.

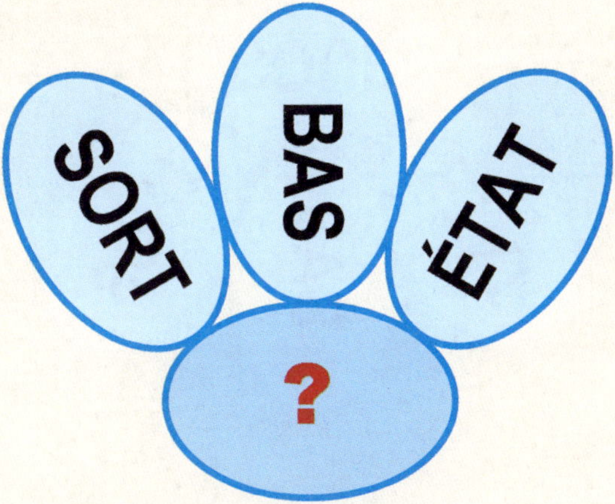

3

MAI

6 h 29 21 h 05

St Philippe

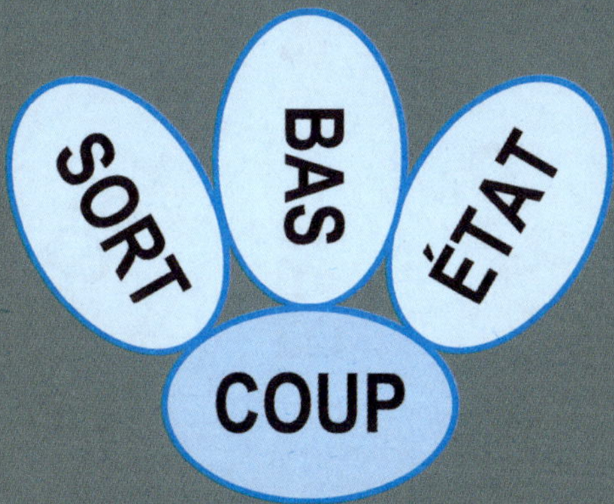
SORT
BAS
ÉTAT
COUP

CE DICTON A ÉTÉ DÉTOURNÉ.

Retrouvez l'original.

Il faut battre son frère quand il a chaud.

4
MAI
6 h 27 21 h 07
St Sylvain

Il faut battre le fer
quand il est chaud.

MODIFIEZ une seule lettre pour trouver quatre autres mots.

SOIE

5
MAI

6 h 26 21 h 08

Ste Judith

SOLE

VOIE

SUIE

FOIE

RETROUVEZ LES MOTS.

Un même symbole représente une même lettre.

1.

2.

6
MAI
6h24 21h09
Ste Prudence

1.
LÉGÈRETÉ

2.
MACADAM

Retrouvez les lettres de SALUT.

7
MAI

6 h 23 21 h 11

Ste Gisèle

S P E L F R c
V H C B P
B M t
M A u g
g V R H F E

Remettez les lettres dans l'ordre pour retrouver la **ville américaine** où ils résident.

FRANCIS NOCAS
GASTON WINH
BRUNO SASIEE

FRANCIS NOCAS - SAN FRANCISCO

GASTON WINH - WASHINGTON

BRUNO SASIEE - BUENOS AIRES

Passez de **GRECE** à **ARENE** en changeant une lettre par ligne.

G	R	E	C	E
A	R	E	N	E

G	R	E	C	E
G	R	E	L	E
F	R	E	L	E
F	R	E	N	E
A	R	E	N	E

HORIZONTAL ET VERTICAL

	1	2	3	4	5
1					
2					
3					
4					■
5				■	■

1 - Daller

2 - Réagit avec la base

3 - Chercher à obtenir

4 - Jardin

5 - Réseau parisien

10

MAI

6 h 18 21 h 15

Ste Solange

	1	2	3	4	5
1	P	A	V	E	R
2	A	C	I	D	E
3	V	I	S	E	R
4	E	D	E	N	
5	R	E	R		

Rejoignez les deux points en passant par **toutes** les cases **une seule fois.**

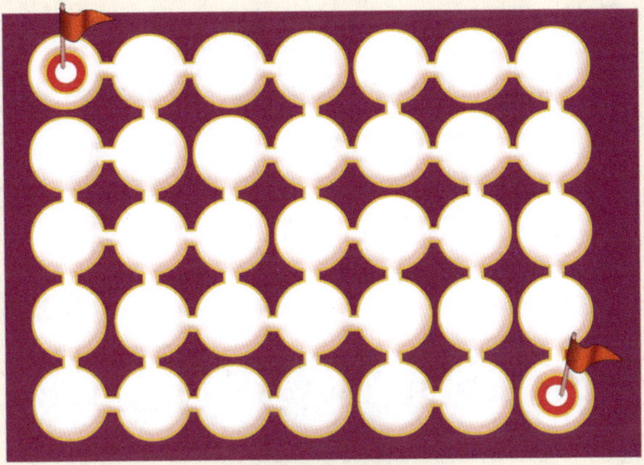

11
MAI
6h17 21h16
Ste Estelle

Retrouvez

les trois différences entre ces deux violons.

12
MAI
6 h 15 21 h 18
St Achille

Reliez les chiffres dans l'ordre, sans croiser le tracé.

1								
							8	
5				7				
2		4				9		
					6			
						3		
	10							

13
MAI

6 h 14 21 h 19

Ste Rolande

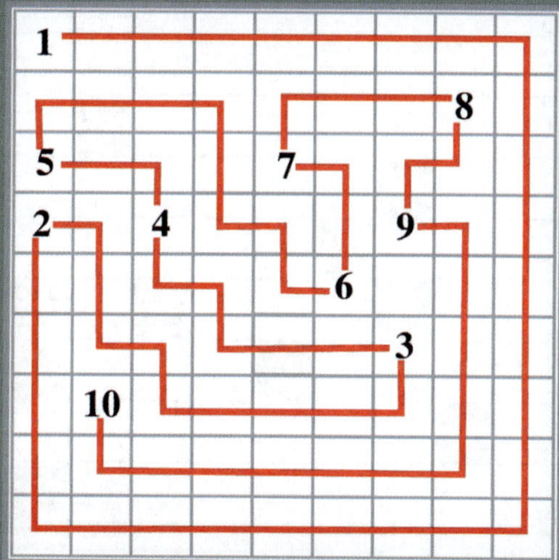
1
8
5
7
2
4
9
6
3
10

Déplacez 1 seule allumette pour rétablir le bon résultat.

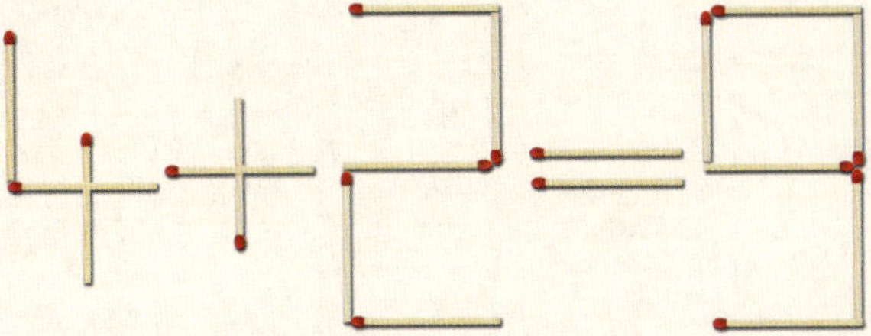

14
MAI
6 h 13 21 h 20
St Matthias

Faites un total de 30 avec 4 boules.

15
MAI
6 h 11 21 h 22
Ste Denise

6+7+8+9 = 30

Quel **nombre** vient logiquement terminer **cette suite ?**

16
MAI

6 h 10 21 h 23

St Honoré

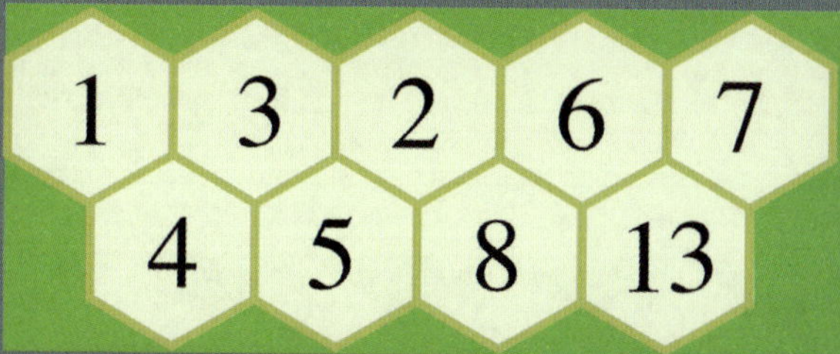

Les nombres du bas

sont l'addition des deux nombres

mitoyens du haut.

Donc

6 + 7 = 13

Placez des chiffres tous différents pour obtenir 18 aux centres des triangles.

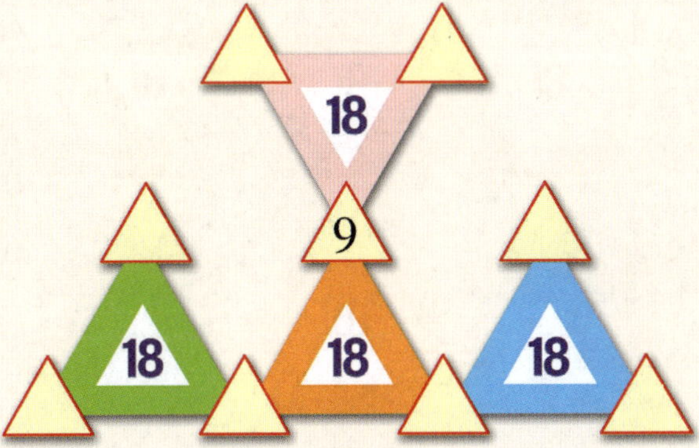

17

MAI

6 h 09 21 h 24

St Pascal

4
5
18
8
9
2
18
18
18
7
3
6
10

TROUVEZ LA VALEUR DE ABC

dans cette curieuse opération.

2 + AB = AC

2 x AB = CA

2 + 47 = 49

2 X 47 = 94

Quelle est la valeur de chaque pion ?

= 30

= 30

= 30

19
MAI

6 h 07 21 h 27

St Yves

5
10
20

QUEL EST CE NOMBRE ?

Le double de ma moitié est égal à 20

20

MAI

6 h 05 21 h 28

St Bernardin

Le double de la moitié !

Les éléments s'annulent...

Donc

20

DÉCRYPTEZ CE DINGBATS.

21
MAI
6 h 04 21 h 29
St Constantin

Surdoué

SUR DOUX É

Décodez

ce langage texto.

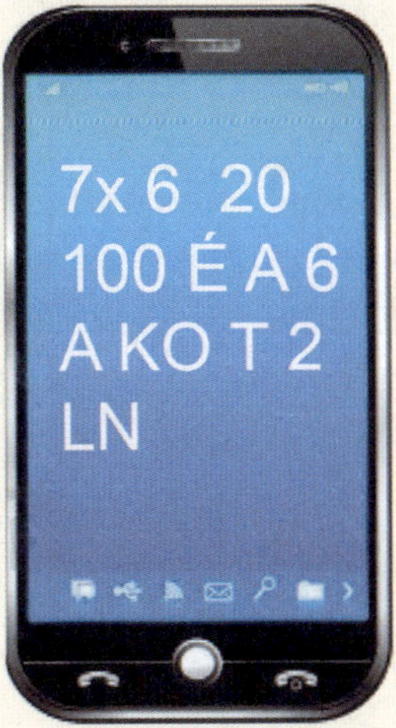

22

MAI

6 h 03 21 h 30

St Émile

Cette fois-ci,
Vincent est assis
à côté de Hélène.

À l'aide de ces mots,
retrouvez
le nom de
trois villes.

OFFICE
ANIMAL
AÏE

23
MAI

6 h 02 21 h 32

St Didier

METZ

LYON

HOUILLES

Complétez les mots horizontalement pour former un mot vertical.

S	U	R		E	R
B	E	S		I	N
P	E	T		I	N
A	R	C		D	E
E	N	D		V	E
C	O	G		A	C

24
MAI
6 h 01 21 h 33
St Donatien

S	U	R	F	E	R
B	E	S	O	I	N
P	E	T	R	I	N
A	R	C	A	D	E
E	N	D	I	V	E
C	O	G	N	A	C

Assemblez
ces étiquettes pour former un vers célèbre.

DU

COR

BO

FOND

AU

IS

LE

SON

DES

SOIR

J'AI

LE

ME

25
MAI

6 h 00 · 21 h 34

Fête des mères • Ste Sophie

J'aime le son du cor le soir
au fond des bois.

Trouvez le nom

d'animaux avec ces définitions.

ex. : Pas dur - Couleur

MOU - TON

FLAQUE - MONTICULE

COMPRIME - MORCEAU

DE MUR

MATOU - EGO

MARMOTTE
SERPENT
CHAMOIS

Reliez les personnages à leur pièce.

SGANARELLE	LE TARTUFFE
ALCESTE	L'AVARE
ORGON	LES FOURBERIES DE SCAPIN
HARPAGON	LE MÉDECIN MALGRÉ LUI
GÉRONTE	LE MISANTHROPE

SGANARELLE - LE MÉDECIN MALGRÉ LUI

ALCESTE - LE MISANTHROPE

ORGON - LE TARTUFFE

HARPAGON - L'AVARE

GÉRONTE - LES FOURBERIES DE SCAPIN

Trouvez au moins **vingt** mots en utilisant des lettres **mitoyennes**.

A	R	P	T
D	O	U	I
C	S	E	S
R	A	N	C
S	U	L	E

28
MAI
5 h 58 21 h 37
St Germain

ADO - ANSE - ANE - ARC - AOUT

CAR - CANE - CAS - CASE - CALE

COUT - COU - COUR - CAR - CRAN - COEUR

ROUE - ROSE - RUE - ROC - RASE

POU - POSE - PIECE - PISE - POUR

DOSE - DOS - DOUE

NUL - NASE

SCENE - SAULE - SALE - SANS - SAC - SEC

OUI - LAC - UNE - AULNE

Trouvez les mots en suivant le sens des flèches.

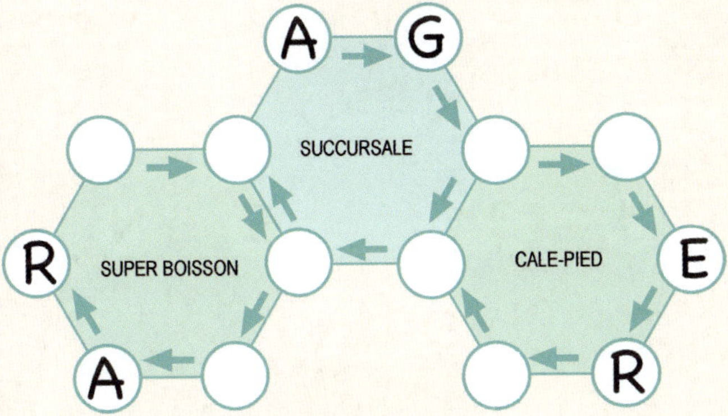

29
MAI

5 h 57 21 h 38

Ascension • St Aymard

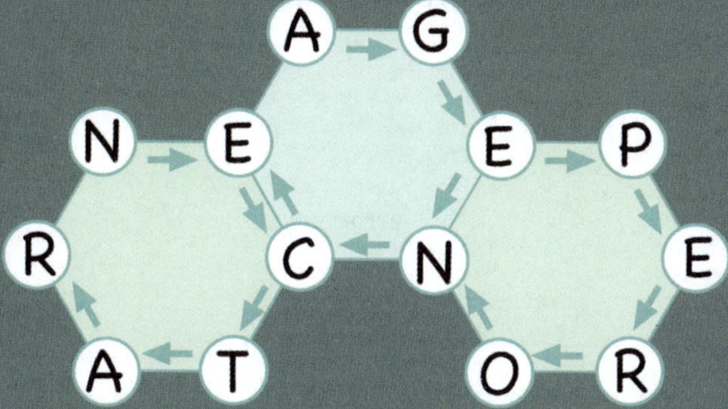
A
G
N
E
E
P
R
C
N
E
A
T
O
R

Retrouvez la bonne définition.

GALANDAGE, n.m.

- Terme ancien désignant le marivaudage
- Transport fluvial sur barge à fond plat
- Cloison dissimulant une partie coulissante
- Transport du bois par flottaison sur une rivière
- Finition des angles par une moulure

Cloison dissimulant une partie coulissante

TROUVEZ LE PRÉNOM.

31
MAI

5 h 56 21 h 40

Visitation

CÉCILE

REMPLACEZ LES LETTRES PAR DES CHIFFRES. L'ADDITION SERA EXACTE.

Une même lettre représente un même chiffre.

1er
JUIN
5 h 55 21 h 41
St Justin

$$\begin{array}{r} 8619 \\ +\ 8619 \\ \hline =17238 \end{array}$$

Hubert a la moitié de l'âge de sa mère.
Il a l'âge qu'avait sa mère quand il est né.
Ensemble, ils ont 81 ans.

Quel est leur âge respectif ?

2
JUIN
5 h 54 21 h 42
Ste Blandine

Hubert : 27 ans

Mère : 54 ans

Hubert = A

Mère = 2 A

3A = 81

A = 27

Placez des **chiffres** tous différents pour obtenir 20 de **chaque côté** du triangle.

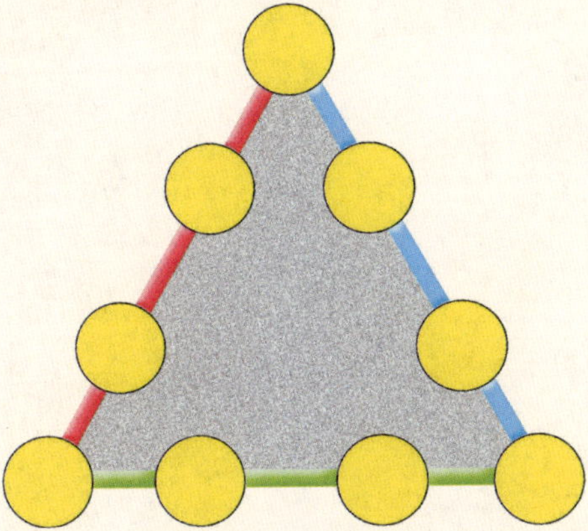

3
JUIN
5 h 54 21 h 43
St Kevin

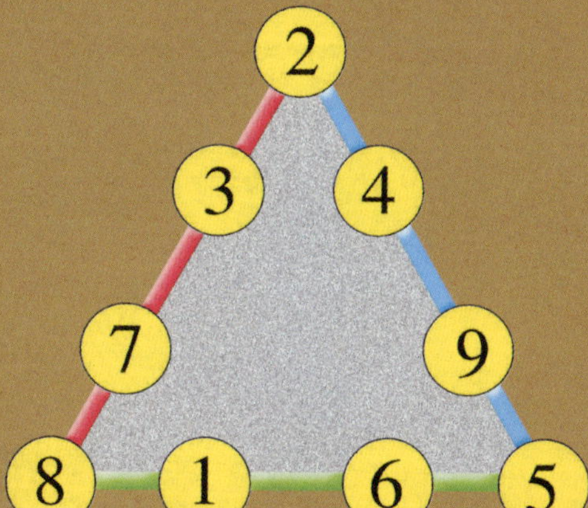
2
3
4
7
9
8
1
6
5

TROUVEZ LA VALEUR DE ABC

dans cette curieuse opération.

$$3 + AB = AC$$
$$3 \times AB = CA$$

3 + 24 = 27

3 X 24 = 72

Trouvez les 7

combinaisons qui permettent de faire 17 avec 3 boules.

5
JUIN
5 h 53 21 h 45
St Igor

$9 + 5 + 3$

$9 + 6 + 2$

$9 + 7 + 1$

$8 + 4 + 5$

$8 + 3 + 6$

$8 + 2 + 7$

$7 + 4 + 6$

Séparez en cinq zones égales totalisant 50.

10	7	20	20	10	3
3		20	3		6
6	4		4	4	7
6	6	10	7		10
4		3	7		4
20	10	7	6	3	20

10	7	20	20	10	3
3		20	3		6
6	4		4	4	7
6	6	10	7		10
4		3	7		4
20	10	7	6	3	20

Déplacez 1 seule allumette pour rétablir le bon résultat.

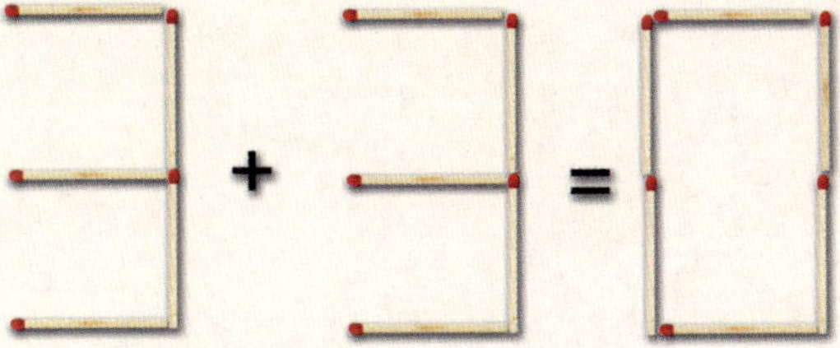

7
JUIN

5 h 52 21 h 46

St Gilbert

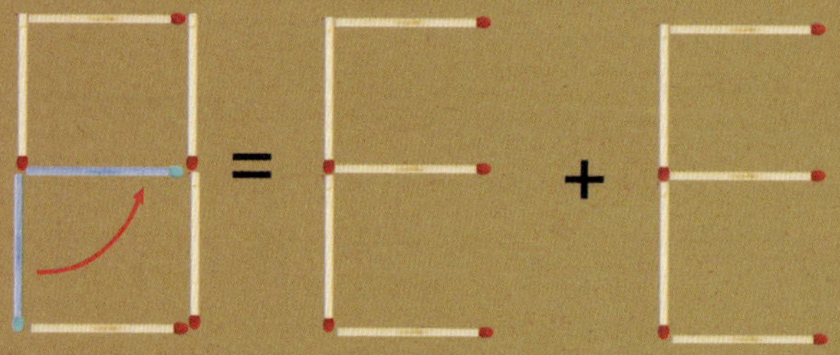

Noircissez les points selon le chiffre inscrit dans l'hexagone.

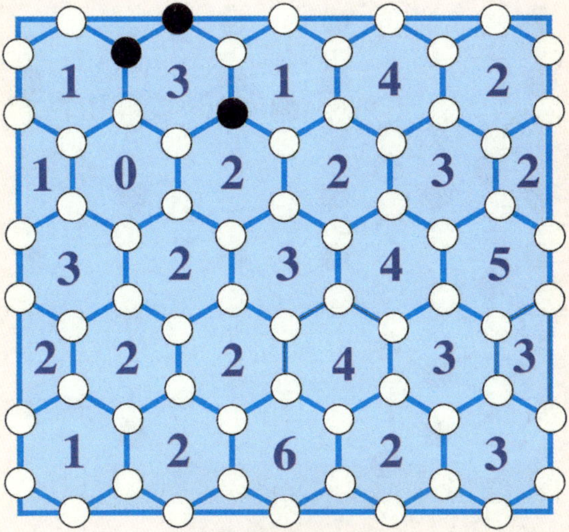

8
JUIN
5 h 52 21 h 47
Pentecôte • St Médard

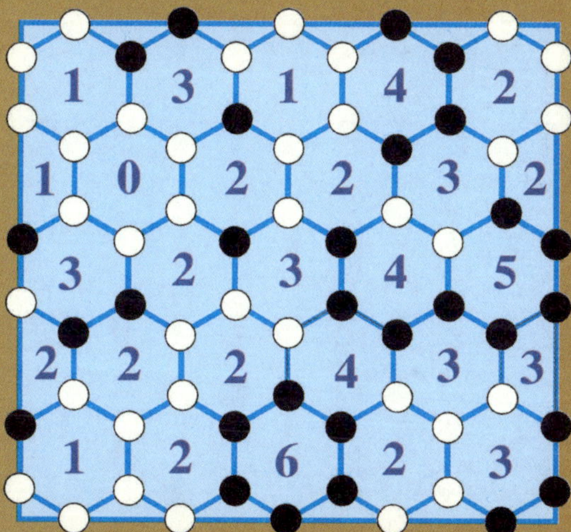
1 3 1 4 2
1 0 2 2 3 2
3 2 3 4 5
2 2 2 4 3 3
1 2 6 2 3

CHASSEZ L'INTRUS.

9
JUIN
5 h 51 21 h 48
Lundi de Pentecôte
Ste Diane

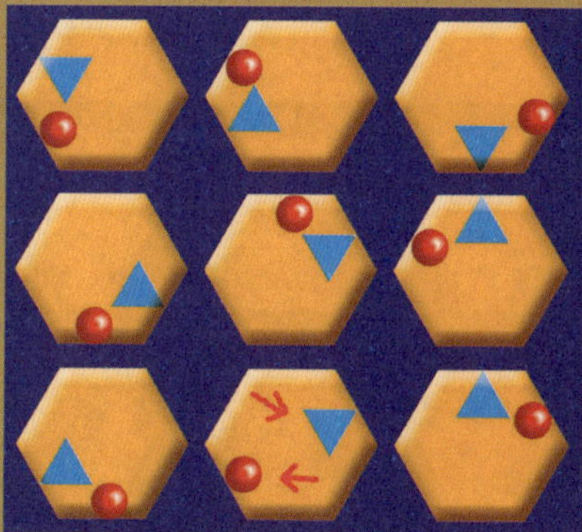

Le triangle et la boule

touchent deux côtés consécutifs

sauf dans la huitième figure.

De quelle **couleur** sont logiquement les cercles blancs ?

10
JUIN
5 h 51 21 h 48
St Landry

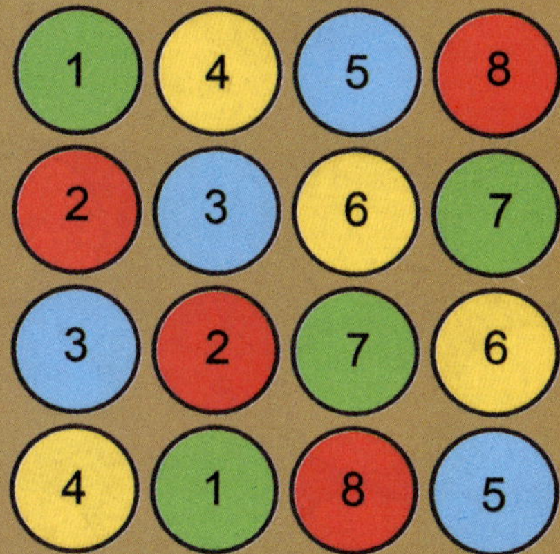

La seconde colonne
est l'inverse de la première.
Donc la troisième sera
l'inverse de la quatrième.

Deux dés sont faux.

LESQUELS ?

11

JUIN

5 h 51 21 h 49

St Barnabé

La somme des faces opposées d'un dé est 7.

Grisez les cases qui permettent d'obtenir une étoile à cinq branches.

12
JUIN
☀ 5 h 51 ☀ 21 h 50
St Guy

Déchiffrez ce texte.

Anne Abel va Aude Anne Marc sept Yves air.

13
JUIN
5 h 51 21 h 50
St Antoine de Padoue

Anabelle va au Danemark

cet hiver.

Trouvez les dix mots qui ont RA et E en commun.

	R	A		E			R	A		E
	R	A		E			R	A		E
	R	A		E			R	A		E
	R	A		E			R	A		E
	R	A		E			R	A		E

14

JUIN

5 h 51 21 h 51

St Élisée

DRAME - BRAME

TRAME - TRACE

GRACE - GRAVE

GRADE - BRAVE

ORAGE - CRANE

Retrouvez la bonne définition.

NAVAJA, n.f.

- Femme de la tribu des Navajos
- Couteau espagnol à lame fine
- Variété d'orchidée à grosses fleurs
- Espèce d'araignée tropicale
- Vipère du désert mexicain

15
JUIN
5 h 51 21 h 51
Fête des pères
Ste Germaine

Couteau espagnol

Assemblez
ces étiquettes pour retrouver
des musiciens.

16
JUIN
5 h 51 21 h 52
St Jean-François Régis

Trompettiste

Saxophoniste

Trouvez

les mots

en suivant le sens

des flèches.

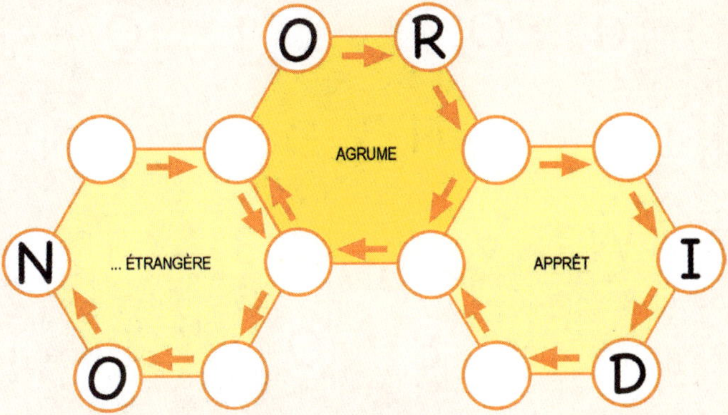

17
JUIN
5 h 51 21 h 52
St Hervé

O R
L E A M
N G N I
O I O D

DÉCRYPTEZ CE DINGBATS.

18
JUIN
5 h 51 21 h 52
St Léonce

Enquiquiner

EN KI KINÉ

TROUVEZ LE PRÉNOM.

19
JUIN

5 h 51 21 h 53

St Romuald

SOPHIE

Trouvez au moins **vingt** mots en utilisant des lettres **mitoyennes**.

A	B	D	R
L	R	U	I
C	A	S	T
L	I	U	E
R	O	P	S

20

JUIN

5 h 51 21 h 53

St Silvère

BUSTE - BRAS - BRU - BRUTE - BRUIT

CAR - CRU - CLIP

CLOU - CASE - CASTE

DUR - EST - LISTE - LOUP - LAIUS

OISE - OPUS - PISTE - POIL - PEU

ROC - ROUE - ROI - RITE - RUSE

RAIL - RAS - SIROP

Retrouvez les mots qui se prononcent pareil.

MAUVAIS FILM - RACINE

COLLERETTE - FRUIT

DÉFENSEUR - FRUIT

21
JUIN
☀ 5 h 51 ☀ 21 h 53
Été • St Rodolphe

NAVET

FRAISE

AVOCAT

Complétez les mots horizontalement pour former un mot **vertical.**

B	A		U	E
P	H		R	E
B	O		N	E
C	E		R	E
N	O		U	D

22
JUIN
5 h 52 21 h 53
St Alban

B	A	G	U	E
P	H	A	R	E
B	O	R	N	E
C	E	D	R	E
N	O	E	U	D

Décodez ce langage texto.

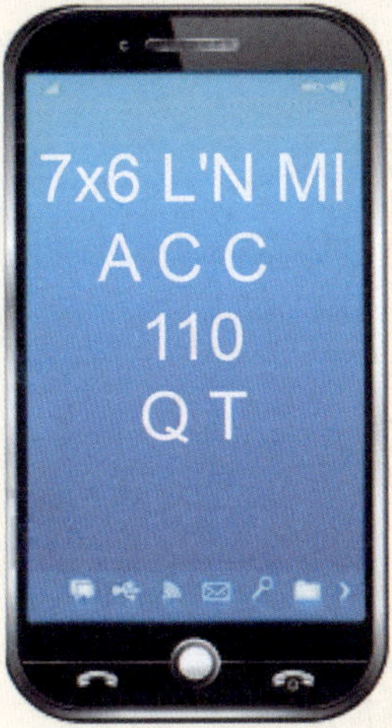

23
JUIN
5 h 52 21 h 53
Ste Audrey

Cette fois-ci l'ennemi
a cessé sans discuter.

CETTE EXPRESSION A ÉTÉ DÉTOURNÉE.

Retrouvez l'originale.

Chercher une anguille dans une salle de bains

24

JUIN

5 h 52 21 h 53

St Jean-Baptiste

Chercher une aiguille dans une botte de foin

HORIZONTAL ET VERTICAL

	1	2	3	4	5
1					
2				■	
3					
4		■			
5					

1 - Il a sa planche

2 - Jeune

3 - Morceler

4 - Là

5 - Assécher

25
JUIN

5 h 53 21 h 53

St Prosper

	1	2	3	4	5
1	S	A	L	U	T
2	A	D	O	■	A
3	L	O	T	I	R
4	U	■	I	C	I
5	T	A	R	I	R

Passez de SERVIR à MENHIR en changeant une lettre par ligne.

S	E	R	V	I	R
M	E	N	H	I	R

S E R V I R

S E R T I R

S E N T I R

M E N T I R

M E N H I R

COMPLÉTEZ CETTE ADDITION.

$$
\begin{array}{r}
37 \\
+\ 737 \\
+\ 337 \\
\hline
=\ 1111
\end{array}
$$

Quel chiffre
est égal à cinq ?

UN = 2
DEUX = 4
TROIS = 5
QUATRE = 6
CINQ = ?

28
JUIN
5 h 54 21 h 53
St Irénée

4

C'est le nombre de lettres constituant le chiffre.

Quel nombre

est égal à son tiers augmenté de 10 ?

15

$15/3 = 5$

$5 + 10 = 15$

Quel développé permet de construire ce cube ?

30
JUIN
5 h 55 21 h 53
St Martial

Parcourez ce circuit pour revenir au point de départ en passant par toutes les cases sans passer deux fois sur le même chemin.

1er
JUILLET
5 h 56 21 h 53
St Thierry

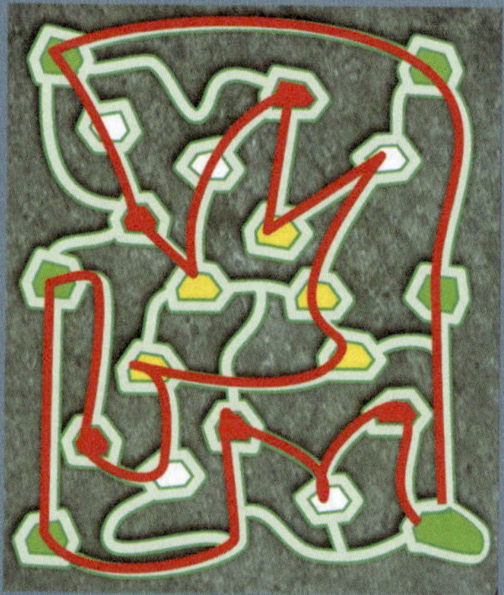

Qu'est-ce qui vient sous le point d'interrogation ?

2
JUILLET
5 h 56 21 h 52
St Martinien

Il s'agit d'un levier de vitesse donc R.

Partagez en quatre zones égales contenant chacune un triangle, un rond et un carré.

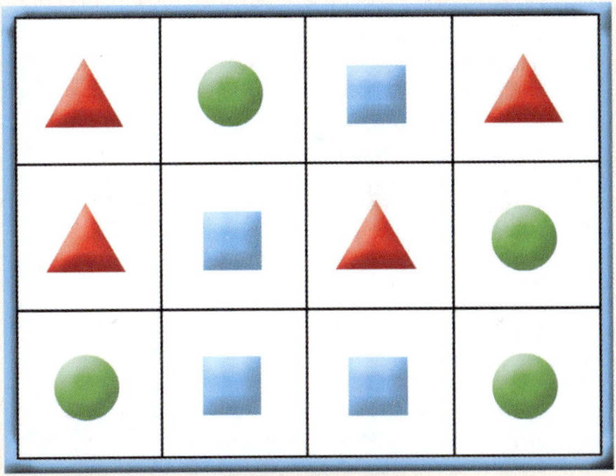

3
JUILLET
5 h 57 21 h 52
St Thomas

COMBIEN VOYEZ-VOUS DE FLÈCHES ?

4
JUILLET
5 h 58 21 h 52
St Florent

18

En plus des flèches de couleur,

il y a les flèches noires

imbriquées.

Trouvez les deux formes qui ne tournent pas dans le même sens que les autres.

5
JUILLET
5 h 59 21 h 51
St Antoine

QUELLE LIGNE EST LA PLUS COURTE ?

6
JUILLET
6 h 00 21 h 51
Ste Mariette

Elles sont toutes égales.

C'est une illusion d'optique.

QUEL EST CE NOMBRE ?

La moitié de mon triple est égale à 18.

7
JUILLET
6 h 00 21 h 50
St Raoul

12

Soit X le nombre à trouver

$$\frac{3X}{2} = 18$$

$$3X = 18 \times 2$$

$$3X = 36$$

$$X = 12$$

Le triple 36

La moitié de 36 : 18

Déplacez **1 seule** allumette pour rétablir **le bon résultat.**

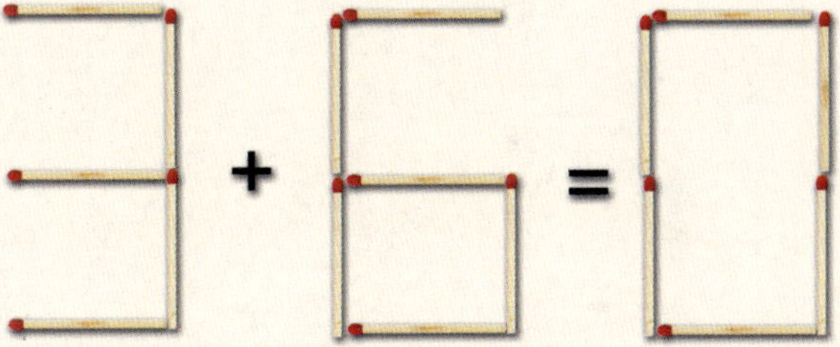

8
JUILLET
6 h 01 21 h 50
St Thibault

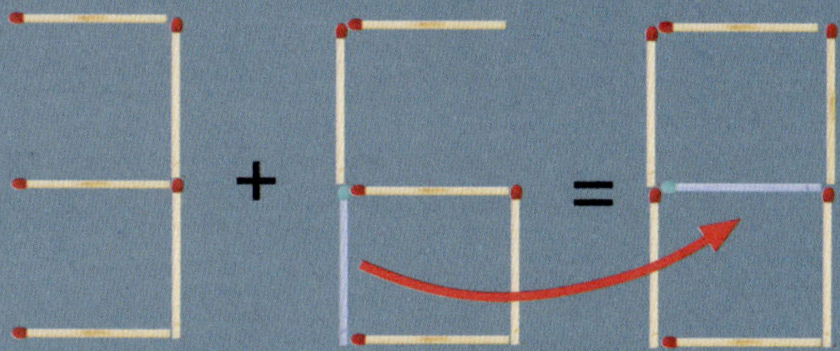

Fonctionne aussi avec

3 + 6 = 9

Partagez ce pré en quatre zones égales pour chaque mouton.

9
JUILLET
6 h 02 21 h 49
Ste Amandine

Passez de **CIRE** à **RUSE** puis à **MERE** en changeant une lettre par ligne.

C	I	R	E
R	U	S	E

C	I	R	E
M	E	R	E

CIRE	CIRE
MIRE	CIME
MISE	MIME
MUSE	MEME
RUSE	MERE

HORIZONTAL ET VERTICAL

	1	2	3	4	5
1					
2					
3					■
4					
5			■		

1 - Bout de terre

2 - Monnaie d'échange

3 - Avant Virginie

4 - Maison froide

5 - Arrivé - Pépin

	1	2	3	4	5
1	L	O	P	I	N
2	O	T	A	G	E
3	P	A	U	L	■
4	I	G	L	O	O
5	N	E	■	O	S

CE PROVERBE A ÉTÉ DÉTOURNÉ.

Retrouvez l'original.

Petit à petit,
la rivière
fait son lit.

Petit à petit,

l'oiseau fait son nid.

Remettez les lettres dans l'ordre pour retrouver leur profession.

PAUL TEÇIRU
JULIEN STORA
LEO POUDOG

13
JUILLET
6 h 06 21 h 46
St Henri, St Joël

PAUL TECIRU - APICULTEUR

JULIEN STORA - JOURNALISTE

LEO POUDOG - PODOLOGUE

Décodez
ce langage texto.

14
JUILLET

6 h 07   21 h 45

Fête nationale • St Camille

Hervé a aimé le cacao,

c'est divin.

Complétez les mots horizontalement pour former un mot vertical.

M	A	R		H	E
R	O	C		E	R
C	A	B		L	E
T	R	E		Z	E
P	R	E		S	E
A	C	C		N	T

15
JUILLET
6 h 08 21 h 44
St Donald

M	A	R	C	H	E
R	O	C	H	E	R
C	A	B	A	L	E
T	R	E	I	Z	E
P	R	E	S	S	E
A	C	C	E	N	T

Retrouvez les mots qui se prononcent pareil.

MESURE DE TEMPS - CHOC

PRÊTRE - FIN DE CHASSE

ÉCONOMISER - GRACIER

16

JUILLET

6 h 09 21 h 44

Notre-Dame du Mont Carmel

HEURE - HEURT

CURÉ - CURÉE

ÉPARGNER

Trouvez au moins **vingt** mots en utilisant des lettres **mitoyennes**.

T	R	A	S
B	O	E	I
C	L	U	R
T	I	N	E
D	A	C	L

17
JUILLET
6 h 10 — 21 h 43
Ste Charlotte

AISE - ANE

BLEU - BOA - BOL - BRAS

CLIC - COEUR - CLOU - CINE - CLE

COU - COUR - COR

DINER - DIANE - DIURNE

LIANE - LUI - LUIRE - LEUR - LIT - LUNE

NID - NUL - NUIT

RUINE - ROC - ROUE

RAS - ROLE - RUE

SEL - TAIN - TOLE - TOUR

DÉCHIFFREZ CE TEXTE.

Anne Abel va Aude Anne
Marc sept Yves air

Anabelle va au Danemark cet hiver.

Trouvez au moins vingt mots en utilisant des lettres de CELIBATAIRE dans le même ordre.

CELIBATAIRE
E T RE

ex. : être

CLAIR - CLAIRE - CAR - LIBRE - LIRE

LAIE - LIT - BATIR - BAR - TAIRE - TAIE

ARE - AIR - AIRE - CIRE - ELIRE - BAIE

CELTE - EBAT - LIE - LITRE - TIR - TIRE

TARE

TROUVEZ LE PRÉNOM.

20
JUILLET

6 h 14 21 h 40

Ste Marina

AUDREY

DÉCRYPTEZ CE DINGBATS.

21
JUILLET
6h15 21h39
St Daniel, St Victor

C'est très embêtant

C13 EN BETANT

Trouvez
les mots
en suivant le sens
des flèches.

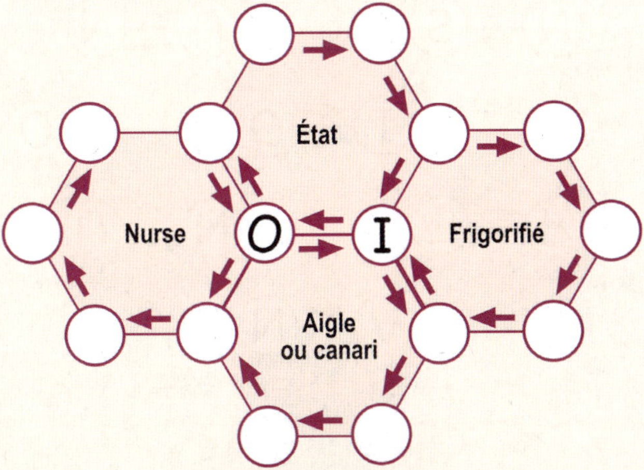

22
JUILLET
6 h 16 21 h 37
Ste Marie-Madeleine

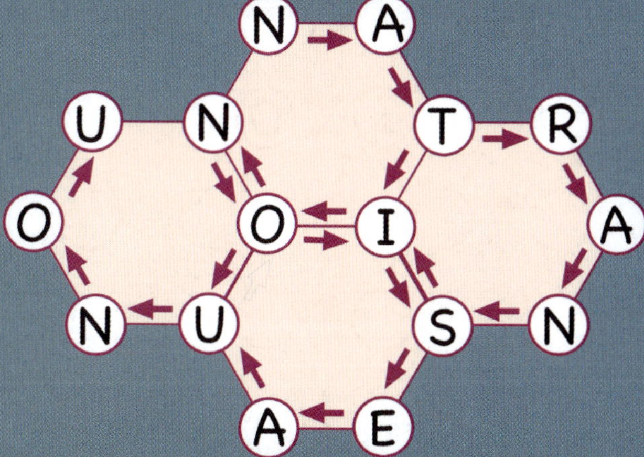
N
A
U
N
T
R
O
O
I
A
N
U
S
N
A
E

Retrouvez

dix prénoms en groupant deux étiquettes.

23

JUILLET

6 h 17 21 h 36

Ste Brigitte

ANT OINE
CLE MENT
GAB RIEL
MI CHEL
CEL INE
CAMI LLE
SAB INE
JUL IEN
CEC ILE
FLO RIAN

Placez des **chiffres** tous différents pour obtenir 18 sur chaque ligne.

24
JUILLET
6 h 18 21 h 35
Ste Christine, Ste Ségolène

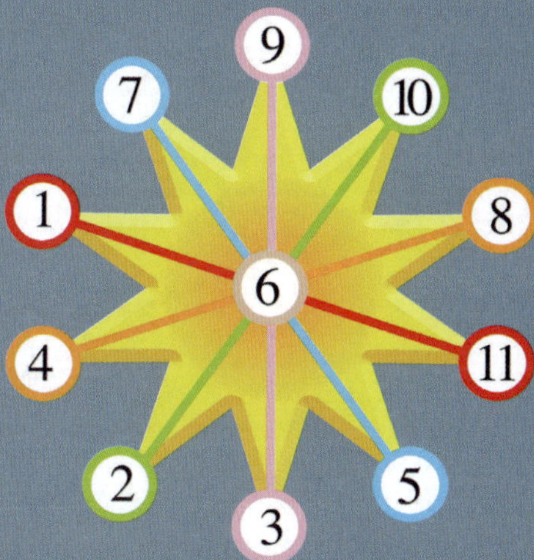
9
7
10
1
8
6
4
11
2
5
3

Complétez cette addition.

			9	2	
+		1			
+					1
=	1	2	2	4	5

25
JUILLET
6 h 20 21 h 34
St Jacques

$$
\begin{array}{r}
5928 \\
+\ 1276 \\
+\ 5041 \\
\hline
=\ 12245
\end{array}
$$

Jules a 2 ans de plus que Jim.
Ensemble, ils ont 34 ans.

Quel est leur âge respectif ?

26
JUILLET
☀ 6 h 21 ☀ 21 h 33
Ste Anne, St Joachim

Jules : 18 ans

Jim : 16 ans

Jim X

Jules $X + 2$

$$X + X + 2 = 34$$

$$X + X = 34 - 2$$

$$2X = 32$$

$$X = 16$$

Séparez en cinq zones égales totalisant 25.

1	3	9	3	1	6
2		9	2		9
4	6		4	4	2
3	3	6	1		3
2		9	9		1
6	4	1	6	4	2

1	3	9	3	1	6
2		9	2		9
4	6		4	4	2
3	3	6	1		3
2		9	9		1
6	4	1	6	4	2

Retrouvez
les trois paires semblables.

28
JUILLET

6 h 23 21 h 30

St Samson

Passez de **AILE** à **CASE** puis à **MINE** en changeant une lettre par ligne.

A	I	L	E
C	A	S	E

A	I	L	E
M	I	N	E

29
JUILLET
6 h 25 21 h 29
Ste Marthe

A I L E	A I L E
B I L E	B I L E
B I S E	B I S E
B A S E	M I S E
C A S E	M I N E

DÉCRYPTEZ CE MESSAGE.

ENPPÉTRRÉ
LECCSNUAAIT
SEESOHHNT
CHYYAUAADES

EN ÉT É
LE SNU IT
S SO NT
CH AU DES

En été les nuits sont chaudes.

Il faut supprimer
les lettres doublées.

Trouvez le mot commun

à ces trois mots.

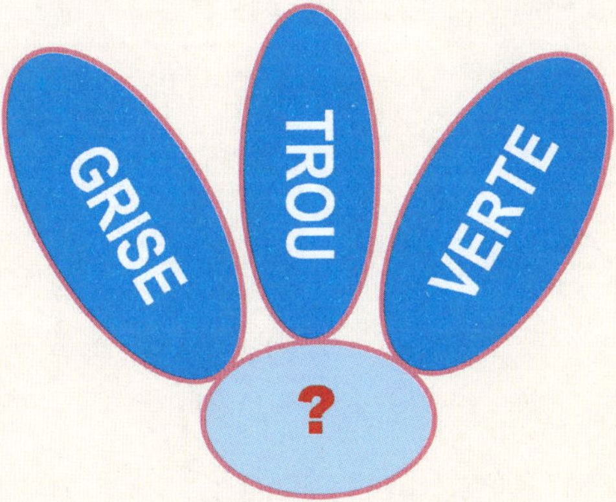

31
JUILLET
6 h 27 21 h 26
St Ignace de Loyola

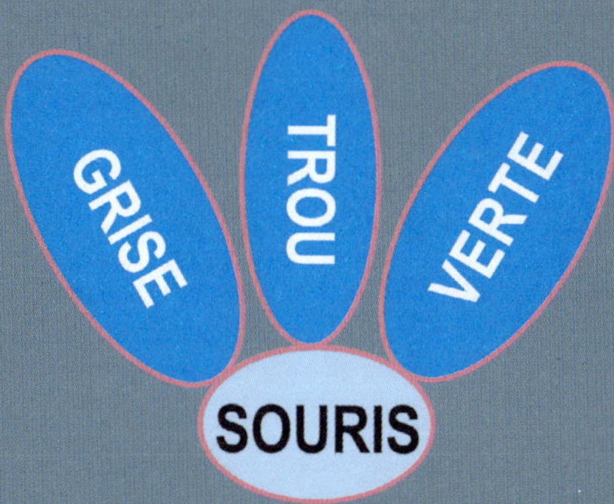
GRISE
TROU
VERTE
SOURIS

RETROUVEZ LES MOTS.

Un même symbole représente une même lettre.

1.

2.

1.

LATÉRAL

2.

RÉCOLTER

RÉVOLTER

Trouvez l'expression contenant un fruit ou un légume avec ces définitions.

Ex. : Partager > Couper la poire en deux

Travailler pour rien

Rater

Mentir

En pleine figure

Échéance fatale

Travailler pour des prunes

Faire chou blanc

Raconter des salades

En pleine poire

La fin des haricots

DÉCRYPTEZ CE DINGBATS.

3
AOÛT
6 h 30 21 h 22
Ste Lydie

Apprécier

APRÈS SCIÉ

Placez des chiffres tous différents pour obtenir 25 horizontalement et verticalement.

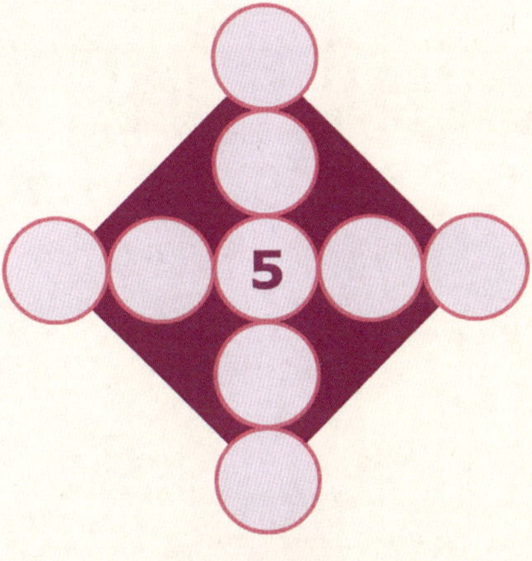

8
2
1
9
5
6
4
3
7

CE BATEAU PRÉSENTE UNE ANOMALIE.

LAQUELLE ?

5

AOÛT

6 h 33 21 h 19

St Abel

Le vent fait gonfler la voile,
alors que les drapeaux
vont dans le sens contraire.

Parcourez

ce circuit en passant par toutes les cases avec les bouées et en évitant les rochers.

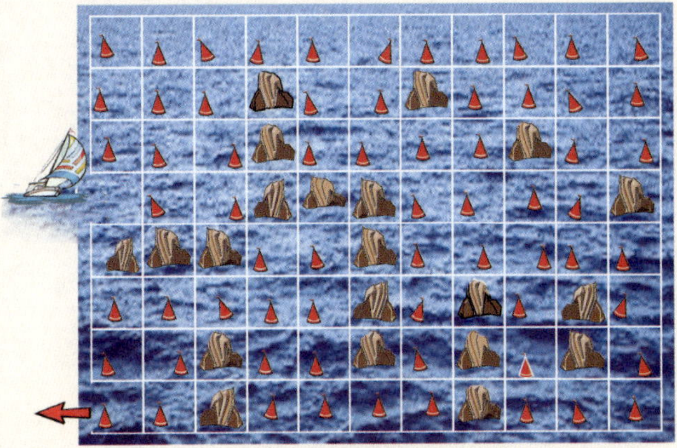

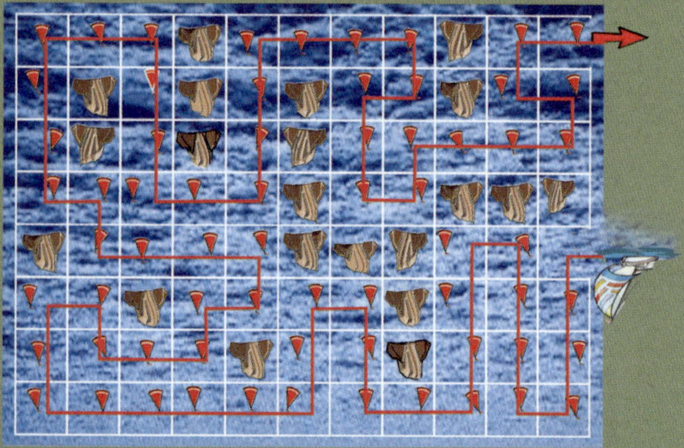

Partagez en deux zones égales contenant le même assortiment de figures.

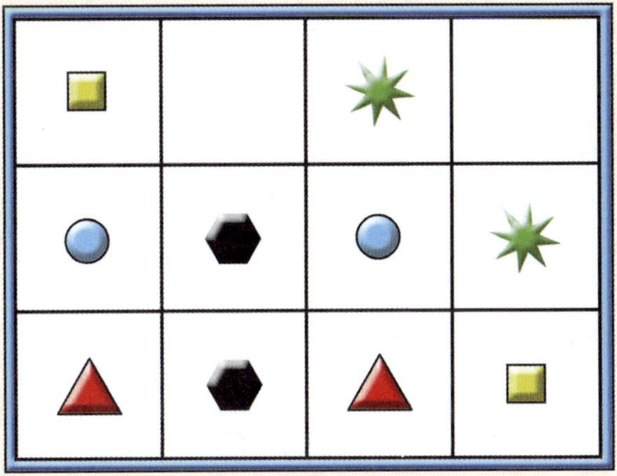

7
AOÛT
6 h 35 21 h 15
St Gaétan

Trouvez les mots en suivant le sens des flèches.

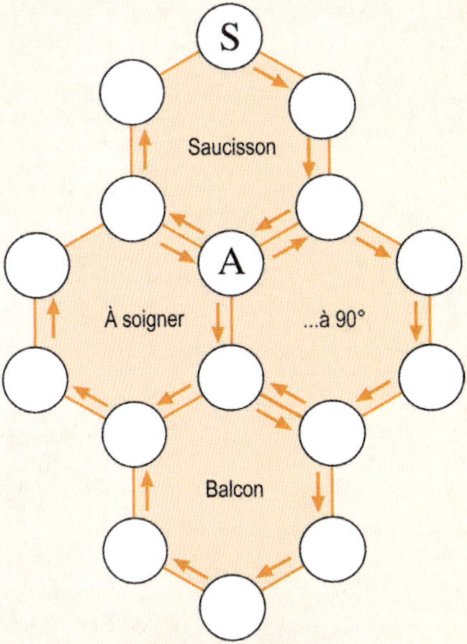

8
AOÛT
6 h 37 21 h 14
St Dominique

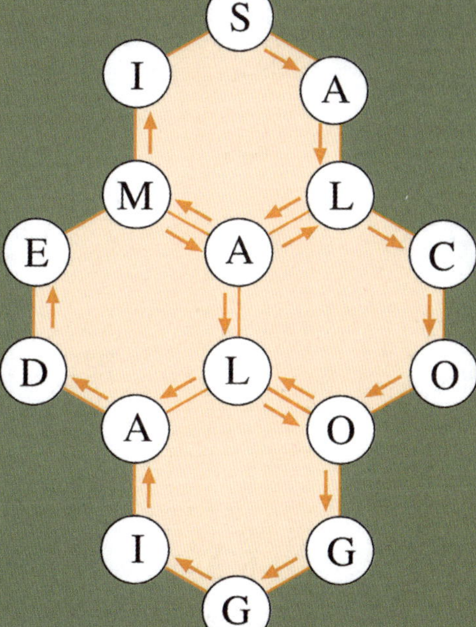

S
I
A
M
L
E
A
C
D
L
O
A
O
I
G
G

Complétez cette addition.

				4
+				
+		3		
=	2	2	2	2

$$
\begin{array}{r}
954 \\
+\ 954 \\
+\ 314 \\
\hline
=\ 2222
\end{array}
$$

DÉCRYPTEZ CE DINGBATS.

10
AOÛT
6 h 40 21 h 10
St Laurent

Enchanté

HANCHE EN T

Trouvez
les mots
en suivant le sens
des flèches.

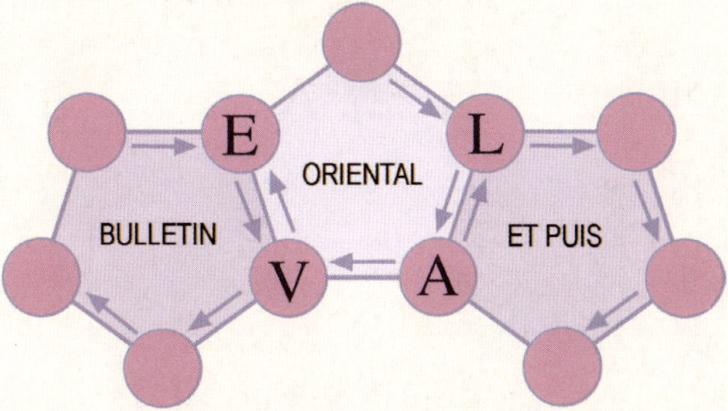

S
R
E
L
O
E
V
A
R
U
S

Trouvez sept mots dont seule la première lettre varie.

	A	G	E
	A	G	E
	A	G	E
	A	G	E
	A	G	E
	A	G	E
	A	G	E

12
AOÛT

6 h 42 21 h 07

Ste Clarisse

CAGE
GAGE
MAGE
NAGE
PAGE
RAGE
SAGE

Passez de AILE à LIME puis à VOTE en changeant une lettre par ligne.

A	I	L	E
L	I	M	E

A	I	L	E
V	O	T	E

13
AOÛT
6 h 44 21 h 05
St Hippolyte

A	I	L	E	A	I	L	E
A	I	R	E	A	I	D	E
C	I	R	E	V	I	D	E
C	I	M	E	V	I	T	E
L	I	M	E	V	O	T	E

Trouvez au moins vingt mots en utilisant des lettres de PARLEMENTAIRE dans le même ordre.

PARLEMENTAIRE
PA T E

ex. : pâte

PARLER - PARTIR - RARE - RIRE - AIRE

MIRE - MARE - MERE - MAIRE - LIRE

PAR - PENTE - TIR - METRE - RENTE

TAIE - TAIRE - MENTIR - ETRE - ATRE

PARENT - PARER - LENTE - LENT

TARE - ARME - ARMÉE - ARMER - PARI

DÉCHIFFREZ CE TEXTE.

Saut d'homme égaux morts

15
AOÛT
6h46 21h02
Assomption • Ste Marie

Sodome et Gomorrhe

Retrouvez les mots qui se prononcent pareil.

GRONDER - DÉCORER LE SAPIN

KLAXONNER - MARQUER LA PAGE

NOUVEAU - CHIFFRE

ENGUIRLANDER

CORNER

NEUF

Retrouvez les titres de ces œuvres littéraires qui sont le négatif de ces titres.

LE BLEU ET LE BLANC
LE PHILANTHROPE
LES RICHISSIMES
VENDÉMIAIRE
LE RÉEL BIEN PORTANT

LE ROUGE ET LE NOIR

L'AVARE

LES MISÉRABLES

GERMINAL

LE MALADE IMAGINAIRE

Parcourez ce circuit pour revenir au point de départ en ne passant qu'une seule fois sur chaque point.

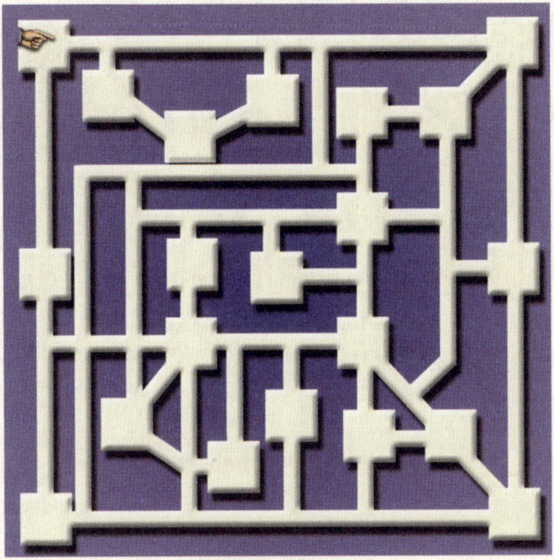

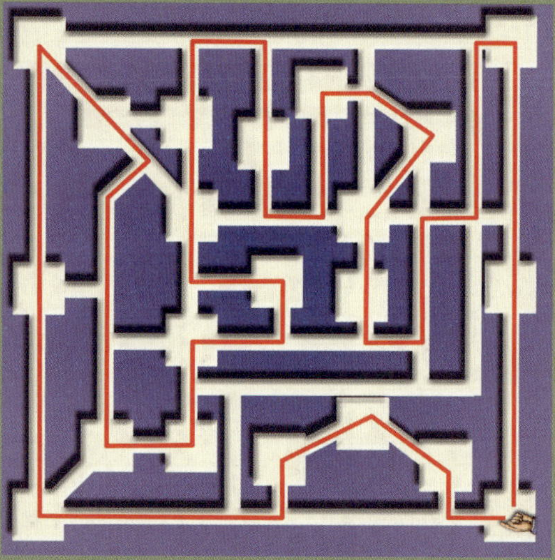

QUEL EST CE NOMBRE ?

Le triple de ma moitié est égale à 30.

19
AOÛT
6 h 52 20 h 54
St Jean Eudes

20

Soit X le nombre à trouver

$$\frac{X}{2} \times 3 = 30$$

$$X \times 3 = 30 \times 2$$

$$3X = 60$$

$$x = 20$$

La moitié : 10

Le triple : 30

Quel nombre divisé par 3 et augmenté de 20 est égal à 30 ?

20
AOÛT
6 h 53 20 h 52
St Bernard

30 !!

$$X/3 + 20 = 30$$

$$X/3 = 30 - 20$$

$$X/3 = 10$$

$$X = 10 \times 3$$

$$X = 30$$

Passez de **FORCE** à **TERRE** puis à **SOUTE** en changeant une lettre par ligne.

F	O	R	C	E		F	O	R	C	E
T	E	R	R	E		S	O	U	T	E

FORCE	FORCE
FORME	FORTE
FERME	PORTE
TERME	SORTE
TERRE	SOUTE

DÉCRYPTEZ CE DINGBATS.

L'étranger

LETTRE EN G

Trouvez les mots en suivant le sens des flèches.

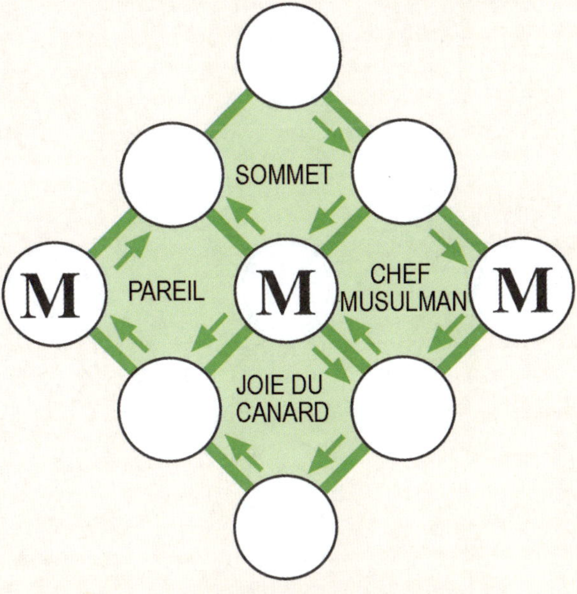

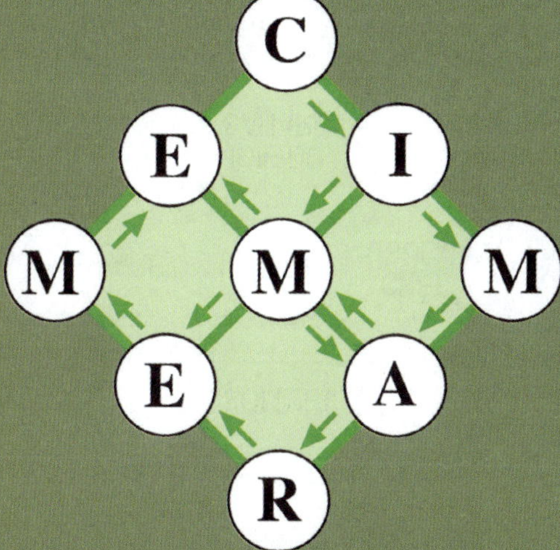
C
E
I
M
M
M
E
A
R

Quel est le poids de chaque boule ?

Le poids est de 5 gr.

24

AOÛT

6 h 59 20 h 45

St Barthélemy

BLEU = 5

ROUGE = 10

VERT = 15

Trouvez le bon chemin pour traverser ce labyrinthe.

25
AOÛT
7 h 01 20 h 43
St Louis

Départ

DÉCRYPTEZ CE DINGBATS.

26
AOÛT
7 h 02 20 h 41
Ste Natacha

Saint-Cloud

CINQ LOUPS

Trouvez le bon chemin pour traverser ce labyrinthe.

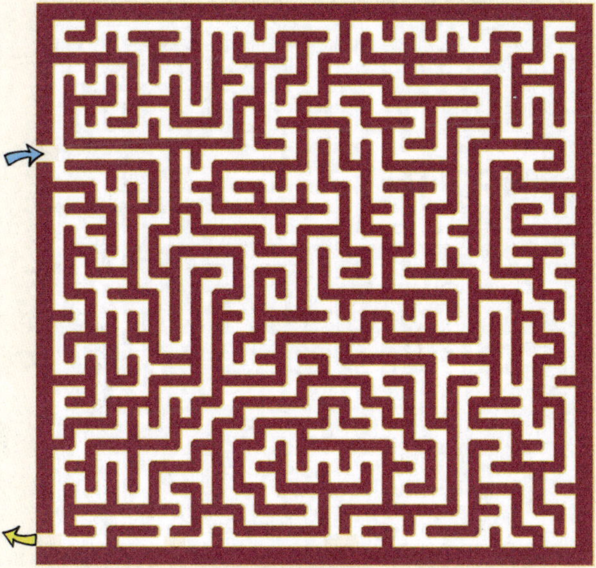

27
AOÛT
7 h 03 20 h 39
Ste Monique

Trouvez

les mots

en suivant le sens

des flèches.

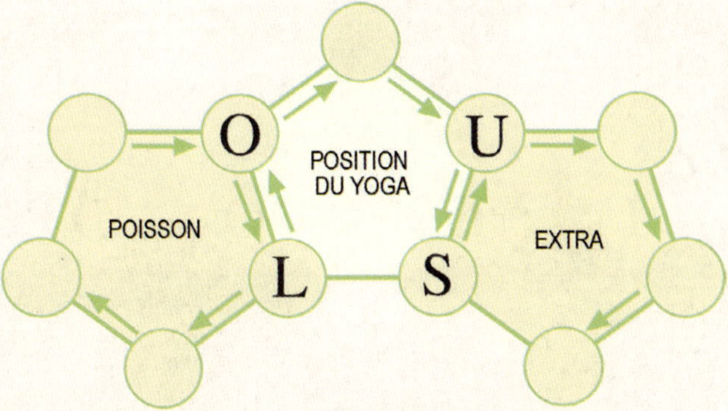

28
AOÛT
7 h 05 20 h 37
St Augustin

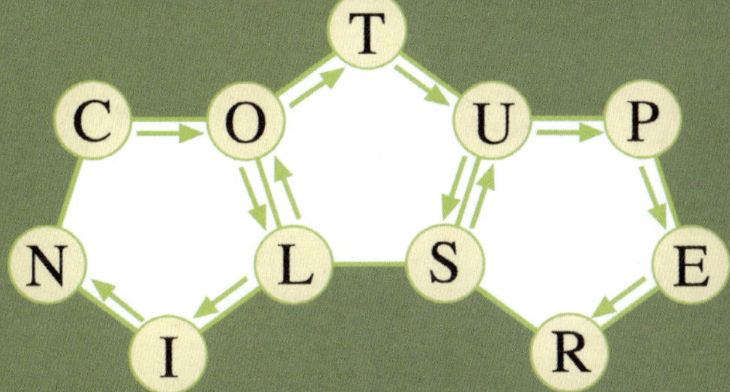
T
C
O
U
P
N
L
S
E
I
R

Complétez les mots horizontalement pour former un mot **vertical.**

M	A		I	E
S	O		T	E
R	E		L	E
C	A		L	E
R	A		O	N

29
AOÛT
7 h 06 20 h 35
Ste Sabine

M	A	R	I	E
S	O	U	T	E
R	E	G	L	E
C	A	B	L	E
R	A	Y	O	N

DÉCHIFFREZ CE MESSAGE.

30

AOÛT

7 h 08 20 h 33

St Fiacre

IL FAIT BEAU CE MATIN.

Supprimez les lettres

à l'envers.

Passez de **CIME** à **POSE** puis à **NOTE** en changeant une lettre par ligne.

C	I	M	E	C	I	M	E
P	O	S	E	N	O	T	E

CIME	CIME
DIME	CITE
DOME	VITE
DOSE	VOTE
POSE	NOTE

Placez des chiffres tous différents pour obtenir la même somme horizontalement et verticalement.

1er SEPTEMBRE

7 h 12 20 h 28

St Gilles

2
4
1
9
3
6
5
7
8

Quel nombre vient logiquement dans le cercle vide ?

2
SEPTEMBRE
7 h 13 20 h 26
Ste Ingrid

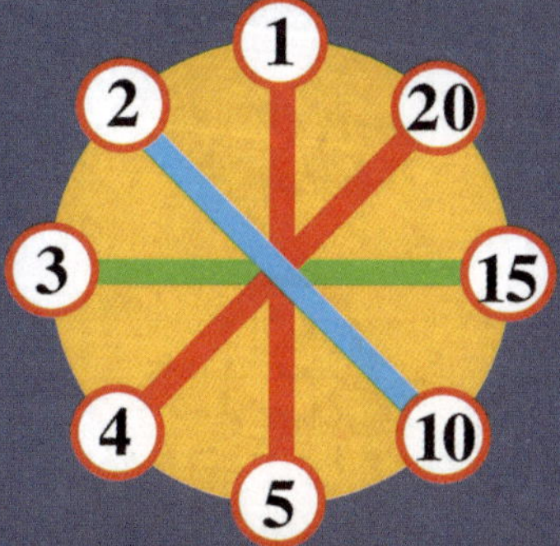

Sur chaque ligne,

le plus petit nombre est multiplié

par 5

1 x 5 = 5

2 x 5 = 10

3 x 5 = 15

4 x 5 = 20

Parcourez

ce circuit en passant par toutes les cases rouges et en évitant les noires. Le tracé ne doit pas se couper.

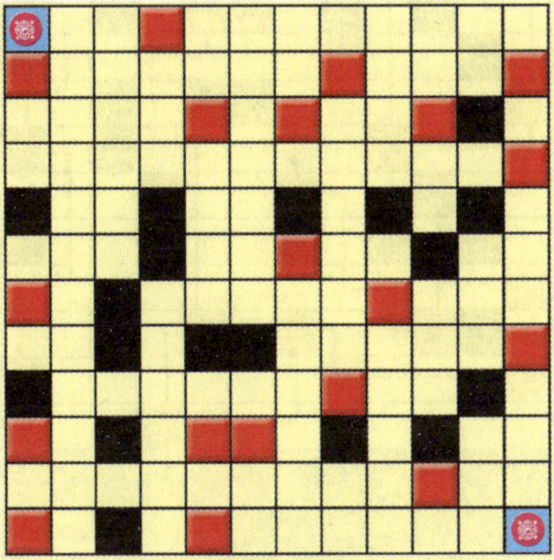

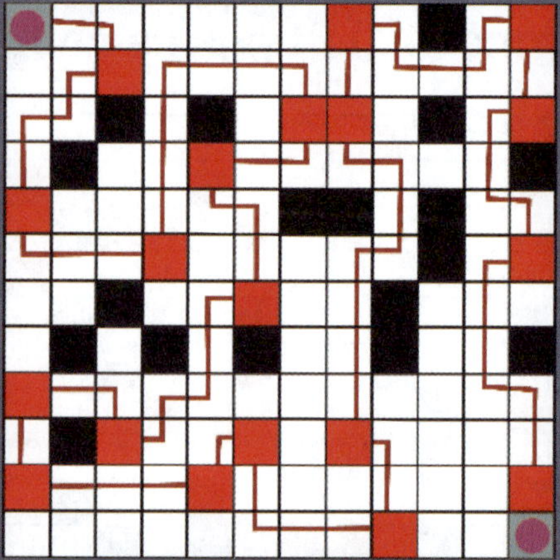

Passez de AORTE à FEMME puis à LOUPE en changeant une lettre par ligne.

A	O	R	T	E
F	E	M	M	E

A	O	R	T	E
L	O	U	P	E

AORTE	AORTE
FORTE	SORTE
FORME	SOUTE
FERME	SOUPE
FEMME	LOUPE

Trouvez
les mots
en suivant le sens
des flèches.

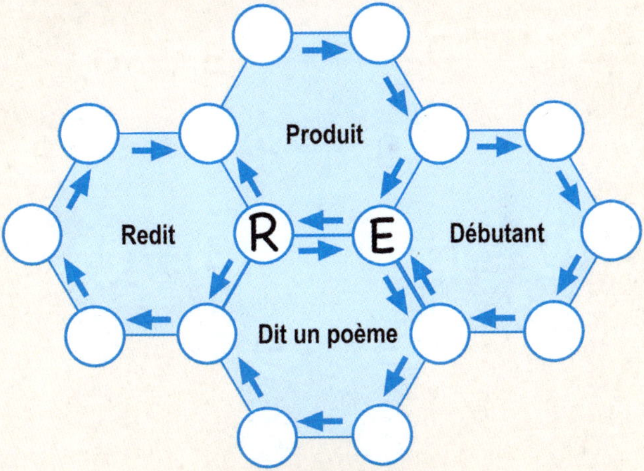

5
SEPTEMBRE
7 h 17 20 h 20
Ste Raïssa

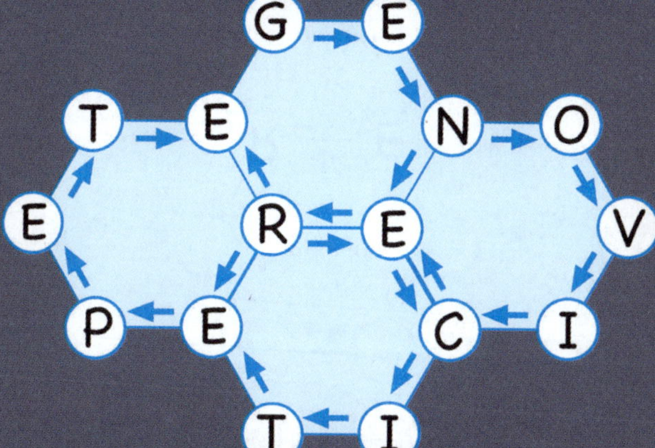

G E
T E N O
E R E V
P E C I
T I

Le reflet
dans le miroir présente cinq
différences.

6

SEPTEMBRE

7 h 19 20 h 18

St Bertrand

Trouvez le plus long chemin pour relier les deux points.

7

SEPTEMBRE

7 h 20 20 h 16

Ste Reine

Partagez en deux zones égales contenant une boule de chaque couleur.

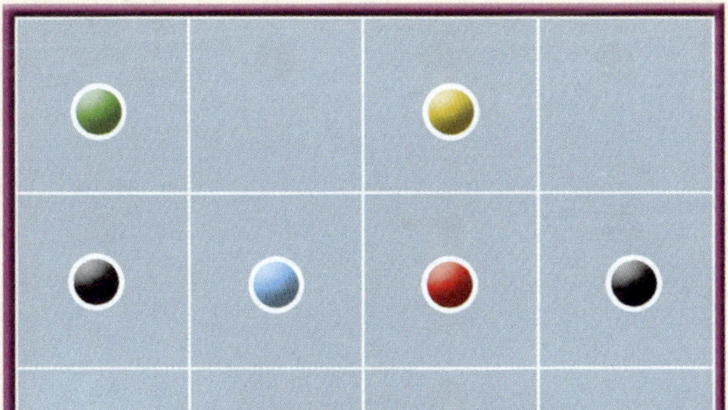

8

SEPTEMBRE

7 h 21 20 h 14

St Adrien

Ajoutez les lettres de ces mots pour trouver le nom d'une ville.

P E P I N + R A N G

B O U R G S + A R T S

B A C H + R E M Y

PERPIGNAN
STRASBOURG
CHAMBÉRY

Passez de **PORTE** à **RENTE** puis à **FEMME** en changeant une lettre par ligne.

P	O	R	T	E
R	E	N	T	E

P	O	R	T	E
F	E	M	M	E

PORTE	PORTE
PONTE	FORTE
FONTE	FORME
FENTE	FERME
RENTE	FEMME

Remettez les lettres dans l'ordre pour retrouver sa profession.

Marion CERE

11
SEPTEMBRE
☀ 7 h 26 ☀ 20 h 07
St Adelphe

ROMANCIÈRE

DÉCRYPTEZ CE DINGBATS.

12
SEPTEMBRE
7 h 27 20 h 05
St Apollinaire

À l'envers et à l'endroit

Complétez les mots horizontalement.

Une même couleur représente une même lettre.

A			A	G	A
A				G	
A				G	
A	G			G	
A			A	G	

13

SEPTEMBRE

7 h 29 20 h 03

St Aimé

A	L	P	A	G	A
A	R	P	E	G	E
A	R	I	E	G	E
A	G	R	E	G	E
A	L	P	A	G	E

Remettez les lettres dans l'ordre pour retrouver leur pays.

INES LAD
EVE RONG
DIANE THAL

INES LAD - ISLANDE

EVE RONG - NORVÈGE

DIANE THAL - THAILANDE

Le château de Chambord n'est pas un palais.
POURQUOI ?

15
SEPTEMBRE
☀ 7 h 31 ☀ 19 h 59
St Roland

Un palais est un bâtiment où s'exerce le pouvoir (palais de l'Élysée)

MODIFIEZ une seule lettre pour trouver cinq autres mots.

SOUTE

16

SEPTEMBRE

☀ 7 h 33 ☀ 19 h 57

Ste Édith

ROUTE

SOUPE

SORTE

TOUTE

VOUTE

Trouvez les mots en suivant le sens des flèches.

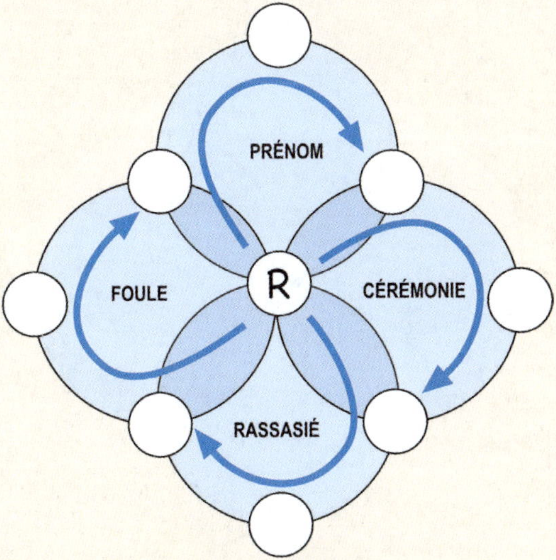

17
SEPTEMBRE
7 h 34 19 h 55
St Renaud

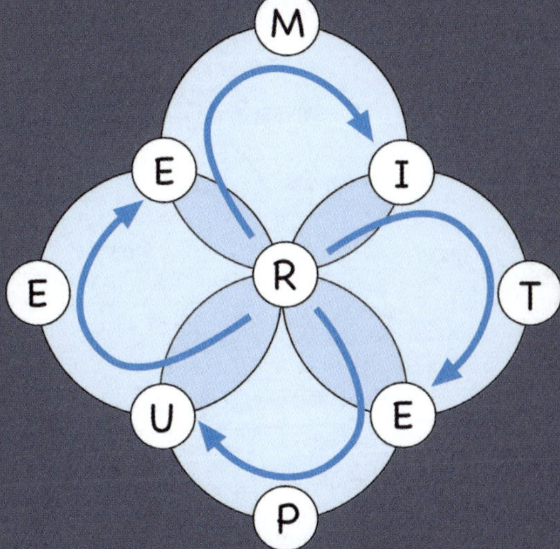
M
E
I
E
R
T
U
E
P

QUEL EST CE NOMBRE ?

Le double de ma moitié plus 10 est égal à 30.

18

SEPTEMBRE

7 h 36 19 h 53

Ste Nadège

Le double de la moitié !

Les éléments s'annulent...

donc le nombre

est 30 - 10

soit 20

la moitié de 20 = 10

le double = 20

Trouvez le bon chemin pour traverser ce labyrinthe.

19

SEPTEMBRE

7 h 37 19 h 50

Ste Émilie

Partagez en quatre zones égales totalisant chacune 50.

10	20	15	5
5	10	15	20
20	20	5	10
5	10	15	15

10	20	15	5
5	10	15	20
20	20	5	10
5	10	15	15

QUEL AVION EST LE PLUS GRAND ?

21
SEPTEMBRE
7 h 40 19 h 46
St Matthieu

C'est une illusion d'optique.
Ces deux avions sont
absolument de même taille.

Vérifiez avec une règle graduée.

Trouvez le bon chemin pour traverser ce labyrinthe.

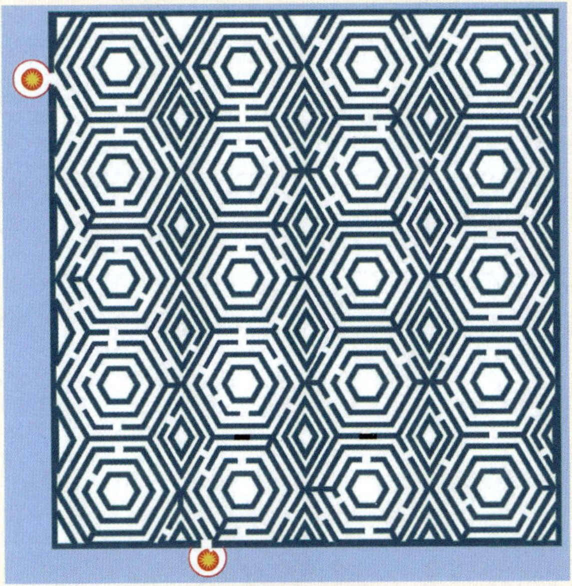

22

SEPTEMBRE

7 h 41 19 h 44

Automne • St Maurice

L'espion fixe le lieu et l'heure de son rendez-vous avec son contact.

Déchiffrez son message.

JAEB VCODUES CAFTGTHEINXDKSL
PMRN ÈOS PDQER LSAT
FUOVNWTXAYISNSET VFERRUS
ZTYRWOGIYSH HLEPUGRSEZS

23
SEPTEMBRE
7 h 43 19 h 42
St Constant

J-E- V-O-U-S -A-T-T-E-N-D-S-

P-R-È-S-D-E- L-A-

F-O-N-T-A-I-N-E- V-E-R-S

-T-R-O-I-S- H-E-U-R-E-S

Il faut lire les lettres une sur deux.

CE DICTON A ÉTÉ DÉTOURNÉ.

Retrouvez l'original.

Chassez la tourterelle, elle revient illico.

24

SEPTEMBRE

7h44 19h40

St Anatole

Chassez le naturel,

il revient au galop.

Retrouvez les mots qui se prononcent pareil.

VILLE - CHIFFRE
REDOUTE - POIL
PRÉNOM - PUBLIE

TROYES - TROIS

CRAINT - CRIN

ÉDITH - ÉDITE

DÉCHIFFREZ CE TEXTE.

L'heure narre aile assis gogne

Le r’nard et la cigogne !

Trouvez

les mots

en suivant le sens

des flèches.

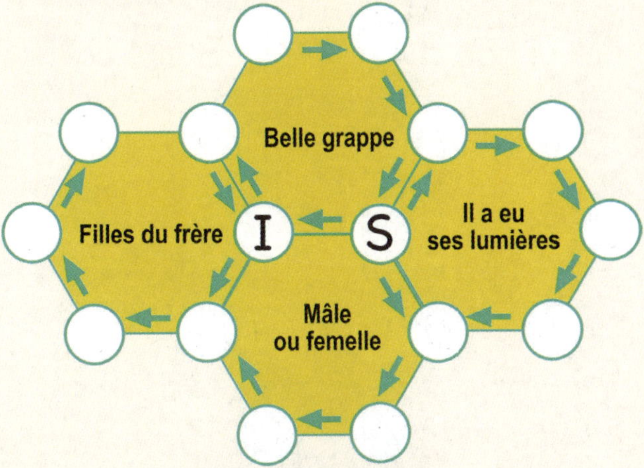

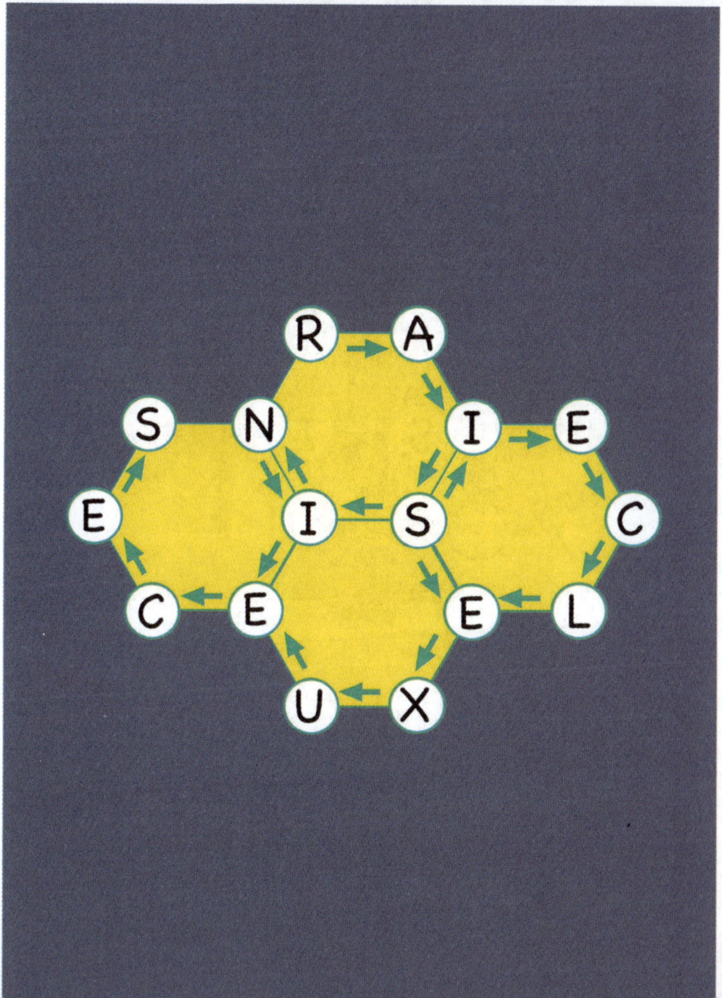
R A
S N I E
E I S C
C E E L
U X

Passez de **MERLE** à **CARTE** puis à **POELE** en changeant une lettre par ligne.

M	E	R	L	E	M	E	R	L	E
C	A	R	T	E	P	O	E	L	E

M	E	R	L	E		M	E	R	L	E
P	E	R	L	E		M	E	U	L	E
P	E	R	T	E		M	O	U	L	E
C	E	R	T	E		P	O	U	L	E
C	A	R	T	E		P	O	E	L	E

Ces deux villes
ont un point commun.

LEQUEL ?

NOYON
LAVAL

29
SEPTEMBRE
☀ 7 h 51 ☀ 19 h 29
St Michel, St Gabriel

Ce sont des palindromes,
lisibles dans les deux sens.

DÉCRYPTEZ CE DINGBATS.

7 = QUI?

30
SEPTEMBRE
7 h 53 19 h 27
St Jérôme

C'est exquis.

7 EST-CE QUI ?

Placez des chiffres tous différents pour obtenir 12 sur chaque ligne de couleur.

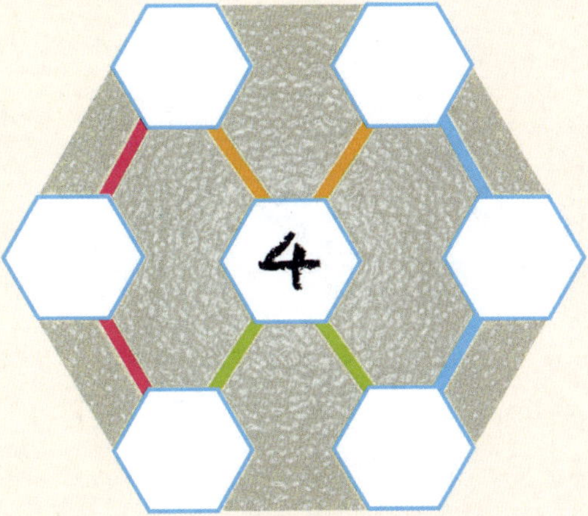

1er
OCTOBRE

☀ 7 h 54 ☀ 19 h 25

Ste Thérèse de l'Enfant Jésus

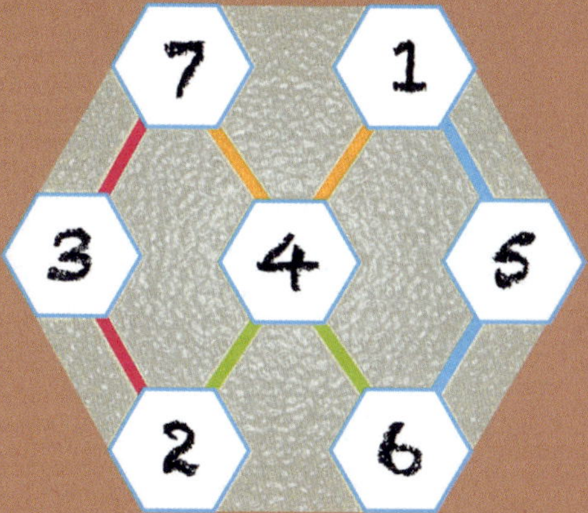
7
1
3
4
5
2
6

QUEL CHIFFRE PERMET CETTE CURIOSITÉ ?

$$A + A > A \times A$$

1

1 + 1 > 1 x 1

Déplacez **1 seule** allumette pour rétablir **le bon résultat.**

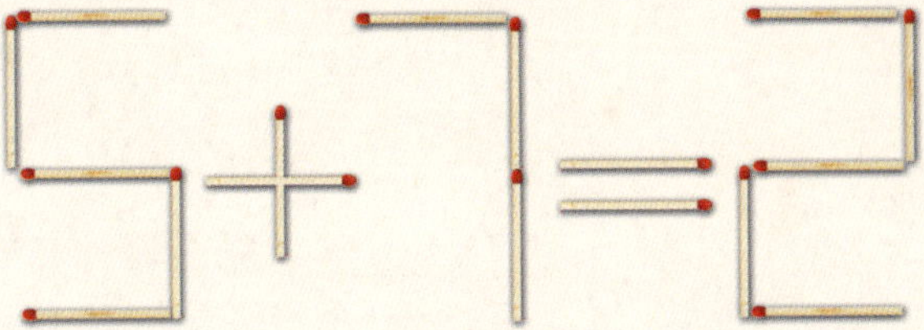

3
OCTOBRE

7 h 57 · 19 h 21

St Gérard

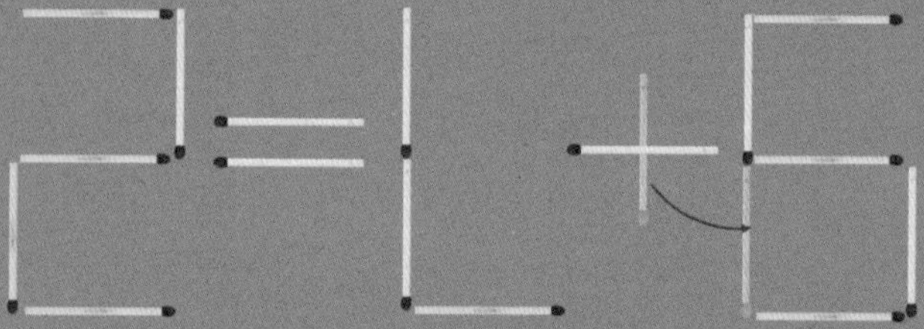

DÉCRYPTEZ CE DINGBATS.

4

OCTOBRE

7 h 59 19 h 19

St François d'Assise

Thé dansant

T DANS 100

Parcourez ce circuit pour revenir au point de départ en passant par toutes les cases sans passer deux fois sur le même chemin.

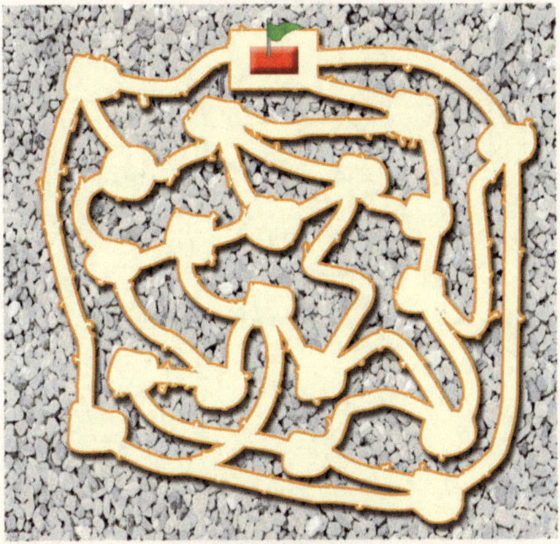

5
OCTOBRE
8h00 19h17
Ste Fleur

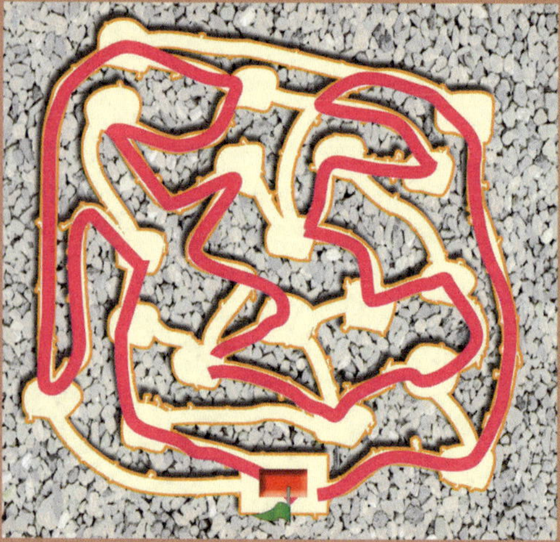

Déplacez une seule allumette pour former à chaque fois deux autres mots.

6
OCTOBRE
8 h 02 19 h 15
St Bruno

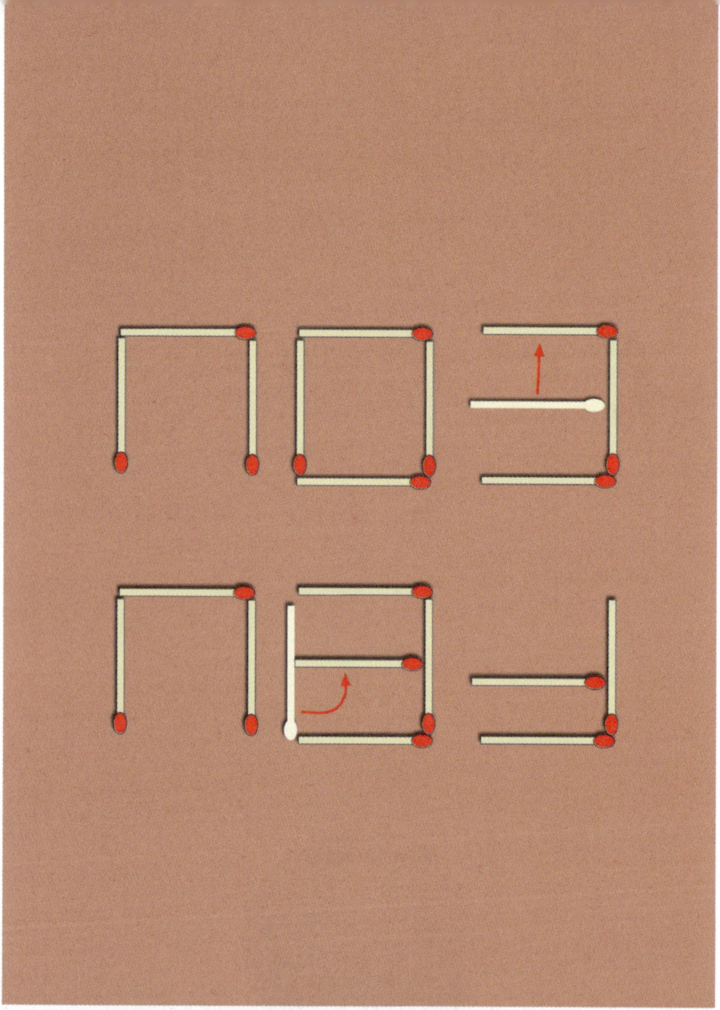

Trouvez les mots en suivant le sens des flèches.

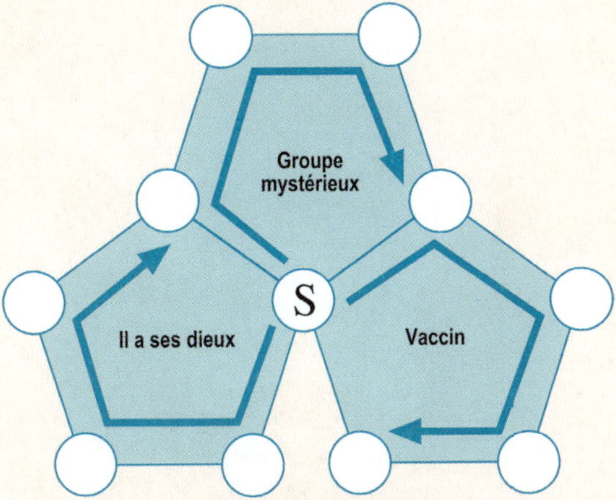

7
OCTOBRE
8 h 03 19 h 12
St Serge

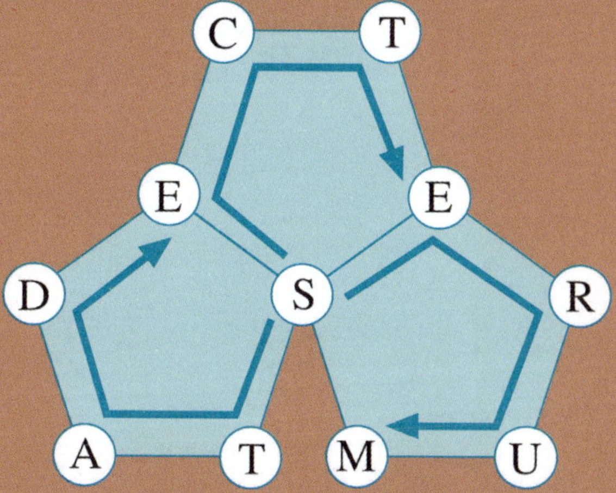
C
T
E
E
D
S
R
A
T
M
U

Passez de MAL à ROC
puis à CAR et à BUS
en changeant une lettre par ligne.

M	A	L
R	O	C

M	A	L
C	A	R

M	A	L
B	U	S

MAL	MAL	MAL
MAI	MAS	MAT
MOI	BAS	BAT
ROI	BAR	BUT
ROC	CAR	BUS

DÉCRYPTEZ CE DINGBATS.

9
OCTOBRE
8h06 19h08
St Denis

Un beau caleçon

UN BO CALE SON

Quelle cuve sera pleine la première ?

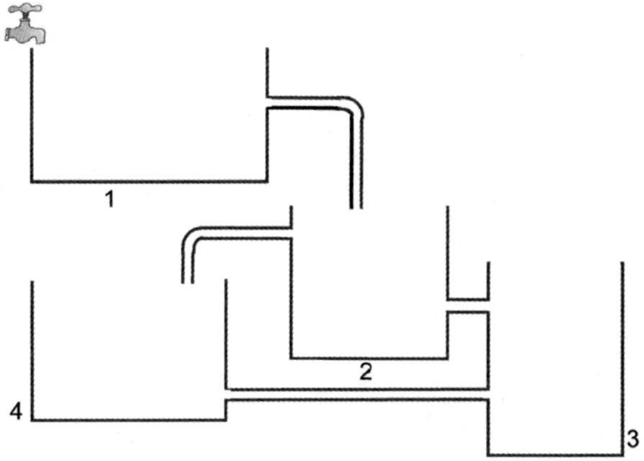

10
OCTOBRE
8 h 08 19 h 06
St Hugo

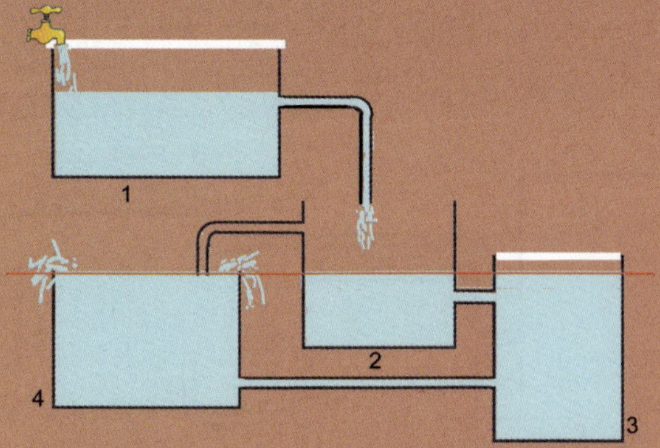

La 4 débordera selon le principe des vases communicants.

Retrouvez la couleur de chaque pastille.

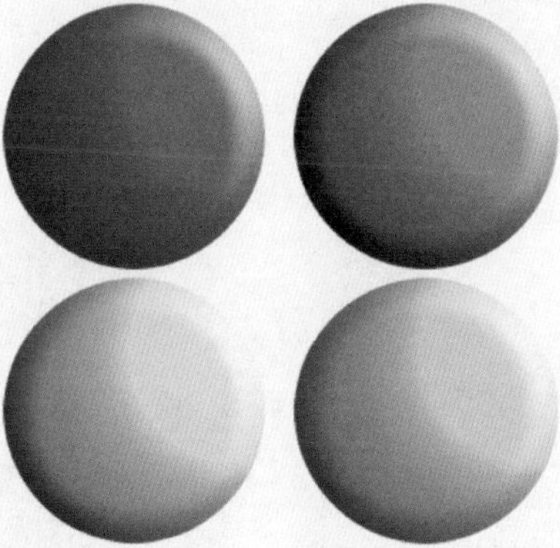

À droite du rouge, il y a un bleu.
Sous le bleu, il y a un jaune.
Sous le rouge, il y a un vert.
À droite du vert il y a un jaune.

11
OCTOBRE
8h09 19h04
St Firmin

Traversez

ce labyrinthe en passant par toutes les cases une seule fois.

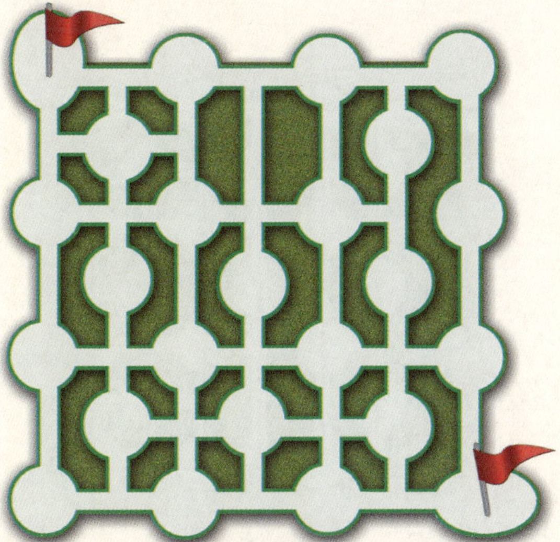

Coloriez des zones permettant de reconstituer cette vache.

13
OCTOBRE
8h12 19h00
St Géraud

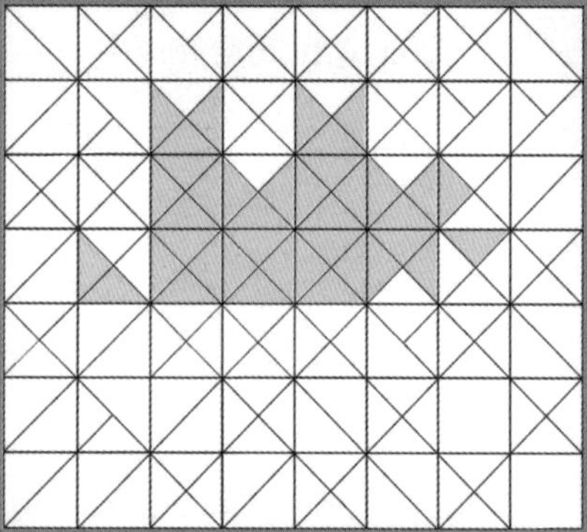

Décodez ce langage texto.

14
OCTOBRE
8h14 18h58
St Céleste

Émilie s'est occupée de Pépé.

LAQUELLE ?

Le mot

OISEAU

présente une particularité,

laquelle ?

Il présente toutes les voyelles bien que celles-ci ne soient pas prononcées.

Trouvez les mots en suivant le sens des flèches.

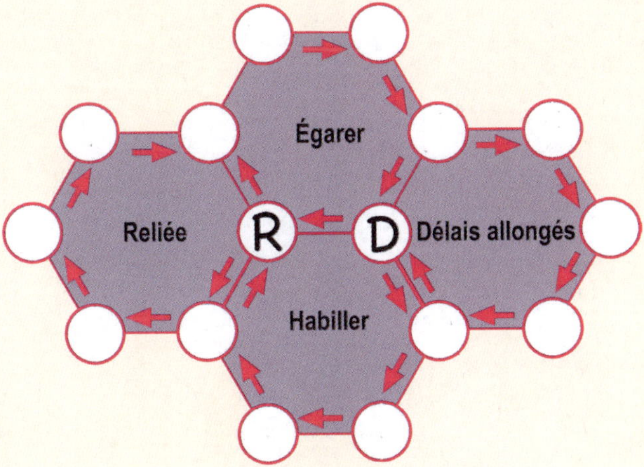

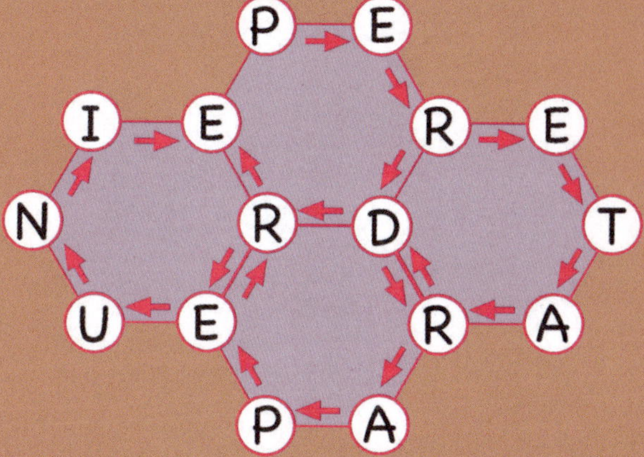
P
E
I
E
R
E
N
R
D
T
U
E
R
A
P
A

Reliez les deux points en passant sur toutes les cases bleu clair et sans passer deux fois sur le même tracé.

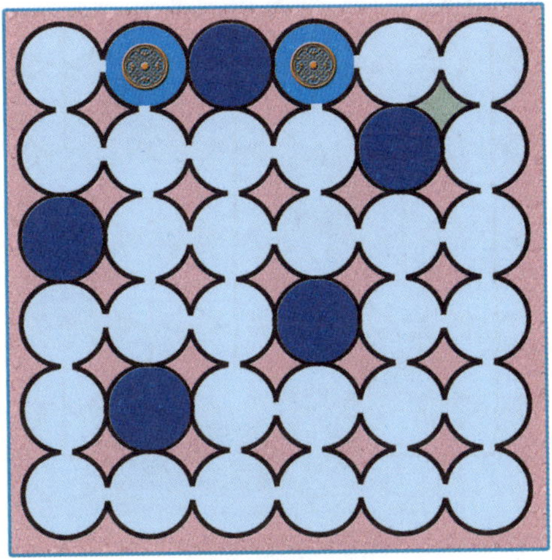

17
OCTOBRE
8 h 18 18 h 52
St Baudouin

Placez des chiffres tous différents pour obtenir 14 sur chaque côté du triangle.

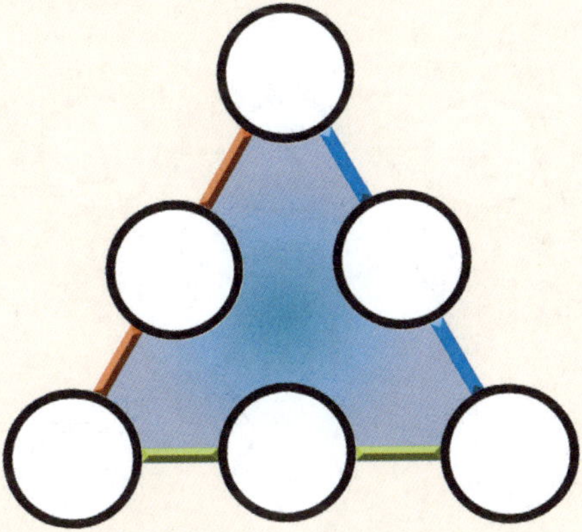

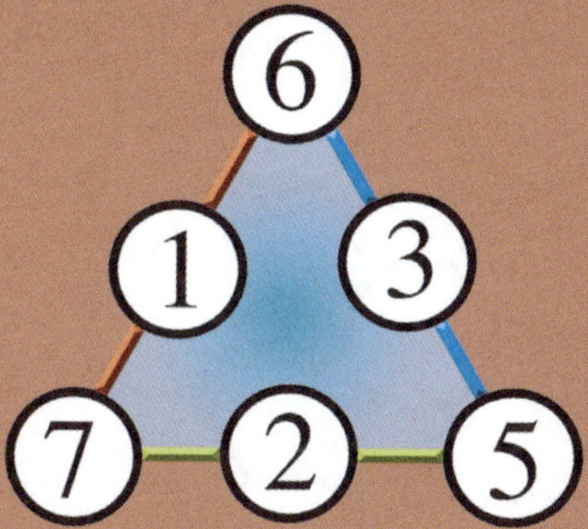
6
1
3
7
2
5

Reliez les deux symboles en passant par toutes les cases avec des boules une seule fois.

19
OCTOBRE
8h21 18h49
St René

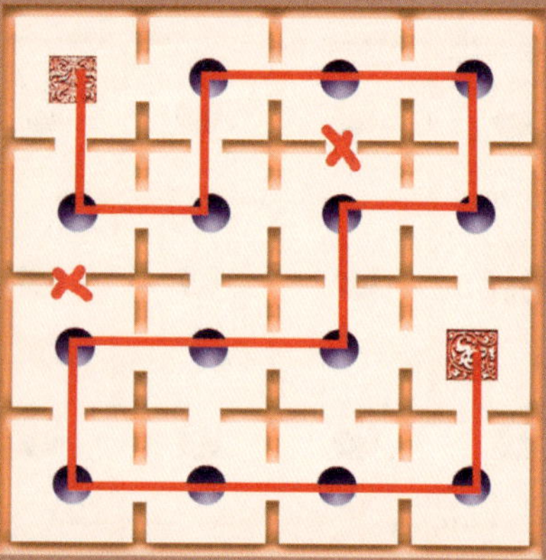

Quel nombre vient logiquement remplacer le point d'interrogation ?

12 = 31
24 = 62
36 = 93
45 = 91
52 = ?

20
OCTOBRE
8 h 23 18 h 47
Ste Adeline

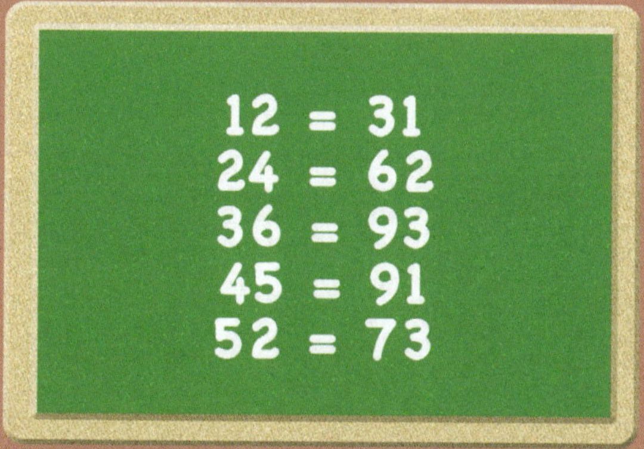

Le premier chiffre est l'addition,

le second la soustraction

12 = 1+2 (3) et 1-2(1)

Quel chiffre vient dans la case vide ?

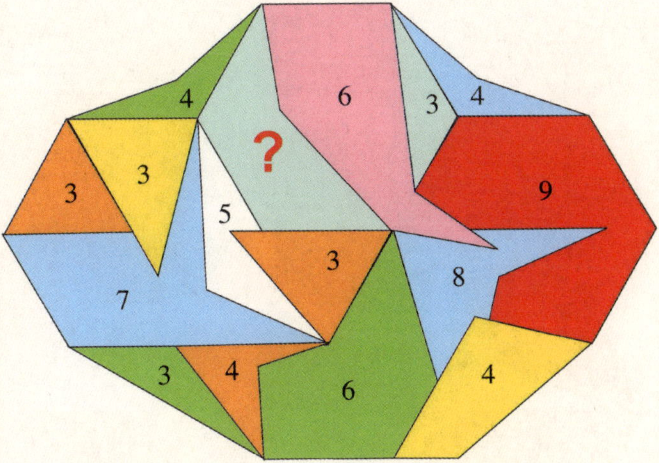

21

OCTOBRE

8 h 25 18 h 45

Ste Céline

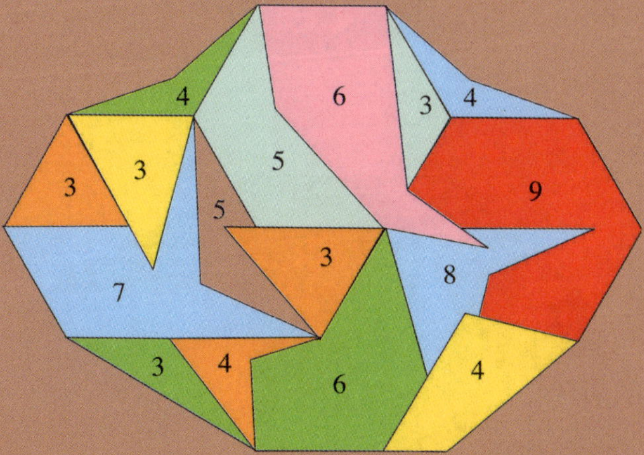

5, le nombre de côtés du polygone.

DÉCRYPTEZ CE DINGBATS.

22
OCTOBRE

8 h 26 18 h 43

Ste Élodie

Des petits bouts d'chou

Partagez en quatre zones égales contenant une boule de chaque couleur.

Quel interrupteur permet d'allumer l'ampoule ?

L'ampoule doit être reliée au + et au -.

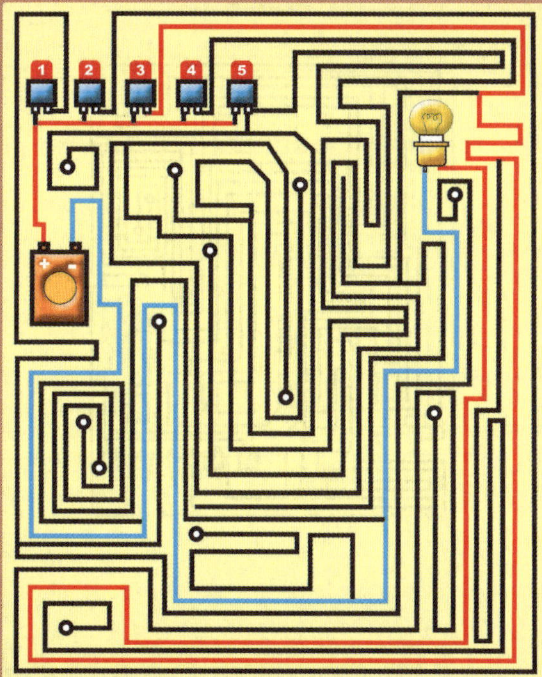
1
2
3
4
5
+
-

Trouvez **les mots** en suivant le sens **des flèches.**

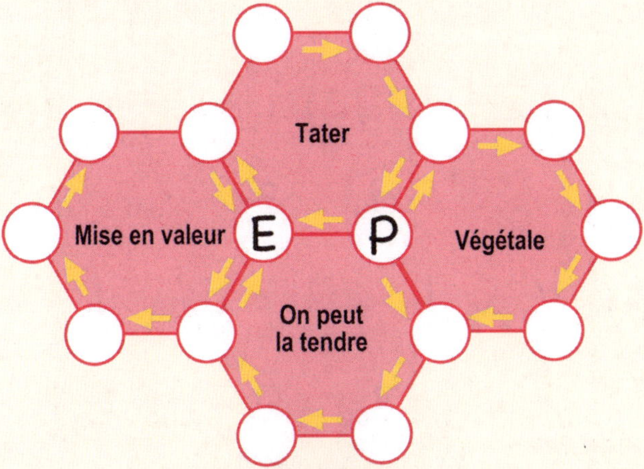

25
OCTOBRE
8 h 31 18 h 38
St Crépin

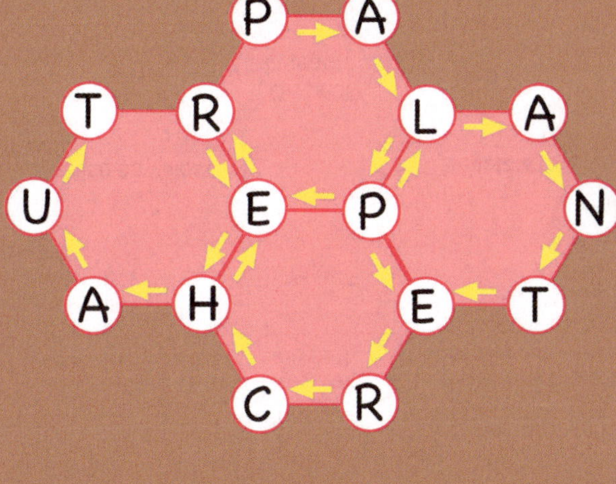
P
A
T
R
L
A
U
E
P
N
A
H
E
T
C
R

Passez de RESTE à SORTE puis à PERLE en changeant une lettre par ligne.

R	E	S	T	E		R	E	S	T	E
S	O	R	T	E		P	E	R	L	E

26

OCTOBRE

8 h 32 18 h 36

St Dimitri

RESTE	RESTE
PESTE	VESTE
POSTE	VERTE
PORTE	PERTE
SORTE	PERLE

Trouvez au moins vingt mots en utilisant des lettres de PERPENDICULAIRE dans le même ordre.

PERPENDICULAIRE

PER D RE

ex. : perdre

PERE - PAIRE - PAIR - PAR - PIRE - PILE

PENDRE - PENDULE - PENDULAIRE

PEDICURE - PEU

DIRE - CUIRE - CIRE - CURE - NUL

RIRE - RENDRE - ERE - RUE - PLAIRE

NICE - PERIL - AIRE - ENDUIRE

PERLE - NUIRE - PUR - PEUR

CE DICTON A ÉTÉ DÉTOURNÉ.

Retrouvez l'original.

Qui veut s'habiller bien doit apprendre la couture.

28
OCTOBRE

8 h 36 18 h 32

St Jude, St Simon

Qui veut voyager loin ménage sa monture.

Trouvez au moins **vingt** mots en utilisant des lettres **mitoyennes**.

R	S	A	T
E	O	U	I
V	A	E	R
É	L	N	C
R	U	S	E

29
OCTOBRE

☀ 8 h 37 ☀ 18 h 30

St Narcisse

AOUT - ALU - ECRU - ELAN - ENCRE

EVE - ECRIT - CRI - LEUR - LAVE - LAVER

OUI - OUIE - OUIR - TIR - TUER

TOUS - TOUR

RUSE - REVE - REVELER - ROUEN

ROUE - ROUER - ROUTIER - UNE

SAUT - VOS - VELER - VALEUR

VAN - VOUER - VER - VELU - SLAVE

SATIRE - SOEUR - SUER - SEC

SUAVE - SUIE

SUR - SEVE

Trouvez le bon chemin pour traverser ce labyrinthe.

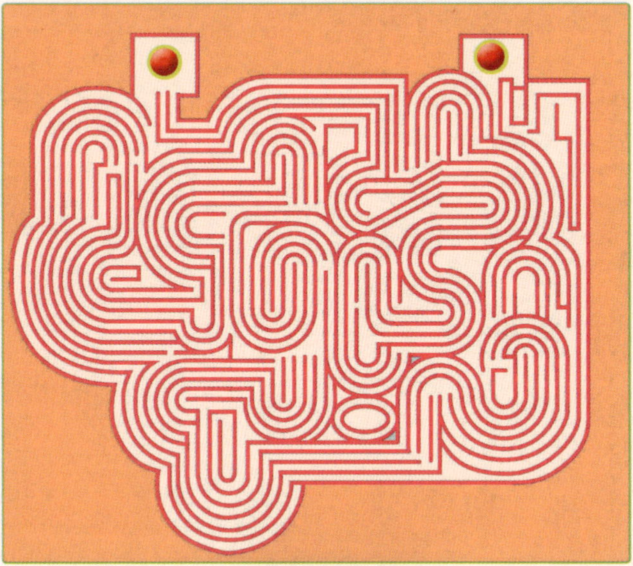

30
OCTOBRE
8 h 39 18 h 29
Ste Bienvenue

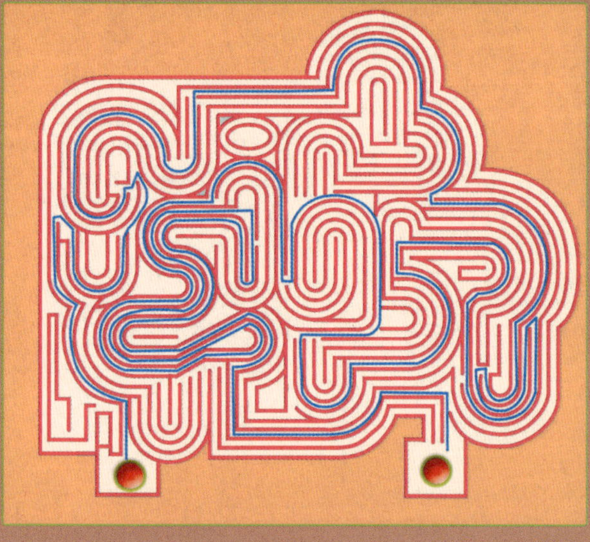

DÉCRYPTEZ CE DINGBATS.

31
OCTOBRE

8 h 40 18 h 27

Halloween • St Quentin

Un doigt dans le nez

Retrouvez les mots qui se prononcent pareil.

IDIOT - EMPREINTE

ÉQUIDÉ - PRÉNOM

SUCCÈS - TUYAU

SOT - SCEAU

ANE - ANNE

TUBE - TUBE

Trouvez

les mots

en suivant le sens

des flèches.

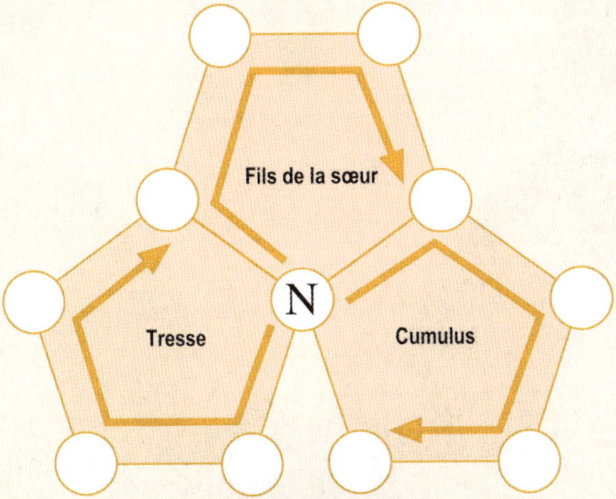

2

NOVEMBRE

7 h 44 17 h 24

Défunts

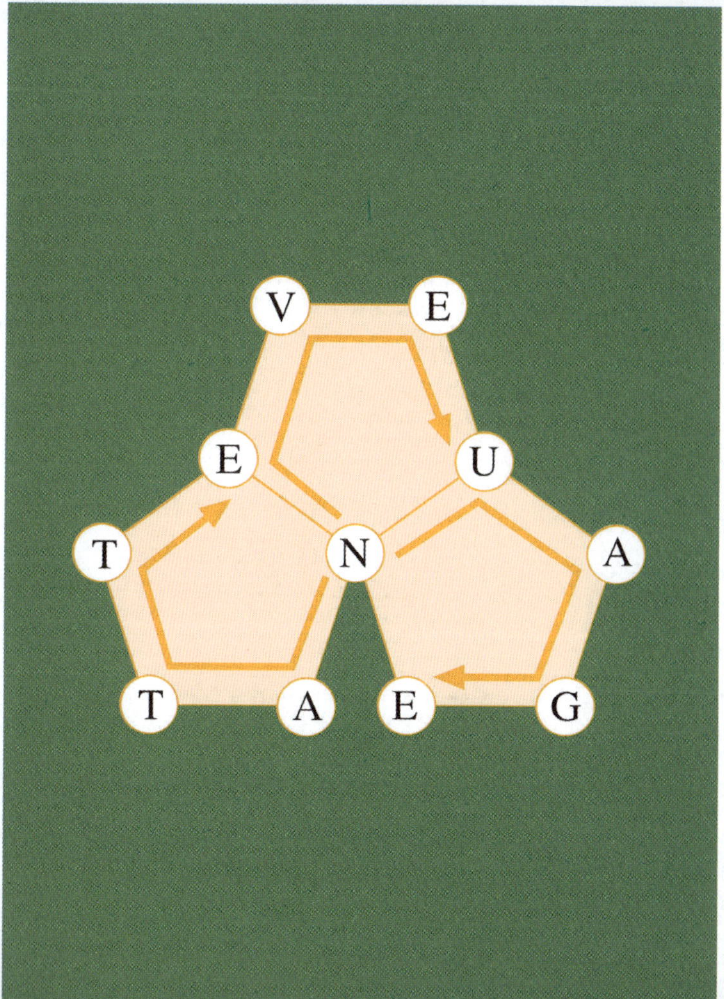
V
E
E
U
T
N
A
T
A
E
G

Passez de **HERBE** à **RESTE** puis à **PERLE** en changeant une lettre par ligne.

H	E	R	B	E		H	E	R	B	E
R	E	S	T	E		P	E	R	L	E

HERBE
VERBE
VERTE
VESTE
RESTE

HERBE
VERBE
VERTE
PERTE
PERLE

DÉCRYPTEZ CE DINGBATS.

4
NOVEMBRE
7 h 47 17 h 21
St Charles

Dédicacer

DES DI CASSÉS

Placez des nombres tous différents pour obtenir 18 sur chaque ligne de couleur.

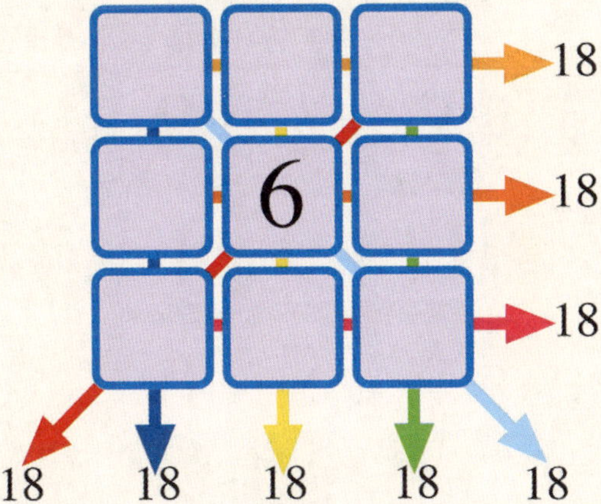

9
5
4
18
1
6
11
18
8
7
3
18
18
18
18
18
18

La symétrie n'est pas parfaite. Cinq détails diffèrent.

6
NOVEMBRE
7 h 50 17 h 18
St Léonard

Parcourez ce circuit pour revenir au point de départ en passant par toutes les cases sans passer deux fois sur le même chemin.

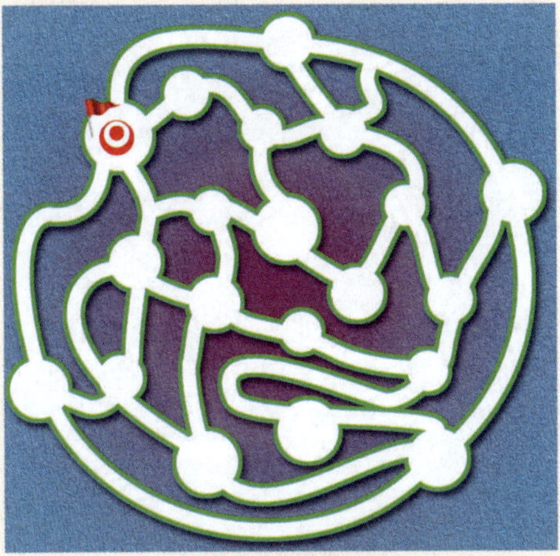

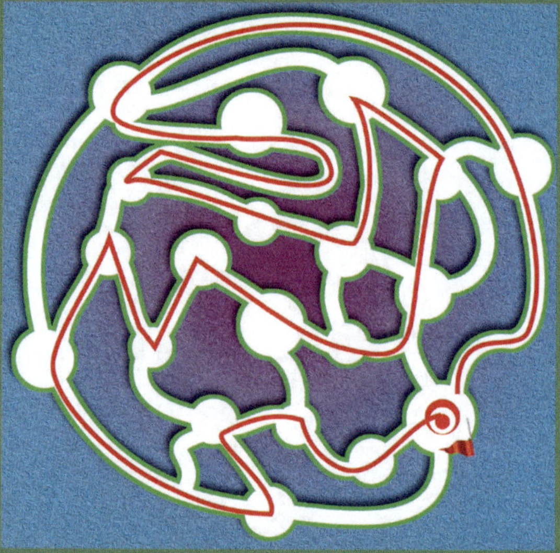

Trouvez les mots en suivant le sens des flèches.

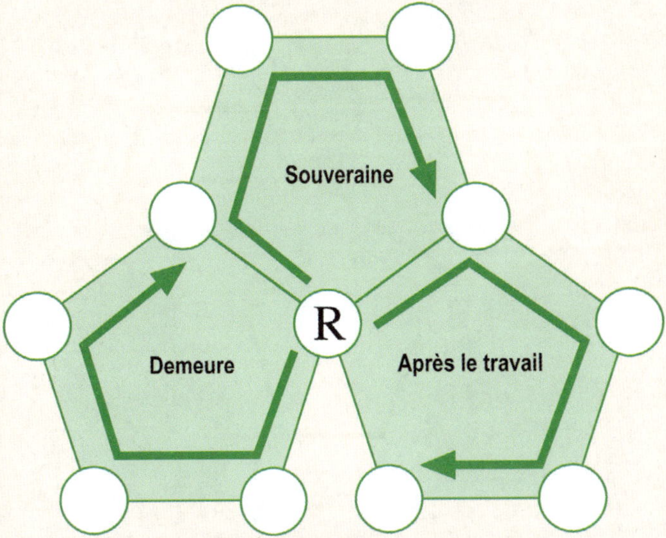

8
NOVEMBRE
7 h 53 17 h 15
St Geoffroy

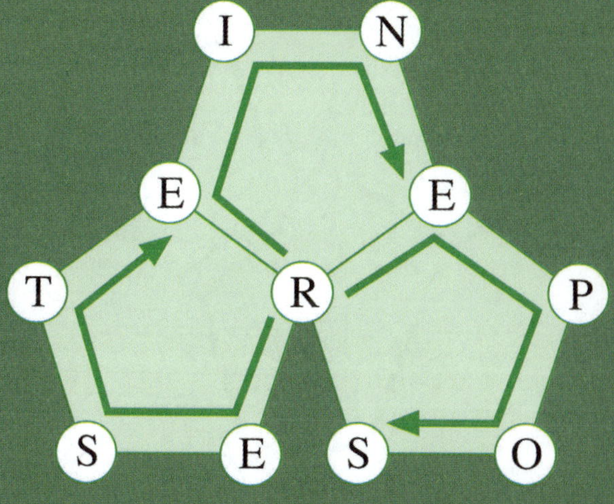
I
N
E
E
T
R
P
S
E
S
O

MODIFIEZ une seule lettre pour trouver quatre autres mots.

CABLE

9
NOVEMBRE
☀ 7 h 55 ☀ 17 h 13
St Théodore

CIBLE

TABLE

FABLE

SABLE

Assemblez

les lettres de SOIGNEUR dans un ordre différent pour obtenir le résultat de son travail.

SOIGNEUR

Guérison

DÉCRYPTEZ CE DINGBATS.

11
NOVEMBRE
7h58 17h11
Armistice 1918

Ni fait ni à faire.

Le pêcheur met son poisson dans la cale ou dans la soute ?

12

NOVEMBRE

8 h 00 17 h 09

St Christian

La cale est utilisée
pour des marchandises
ou des poissons.
La soute est utilisée
pour les bagages ou le mazout.

Complétez les mots horizontalement.

Une même couleur représente une même lettre.

13

NOVEMBRE

8h01 17h08

St Brice

LOURDE

SOURDE

GOURDE

COURGE

FOURME

SOURCE

Remettez les lettres dans l'ordre pour retrouver leur pays.

RITA ECO
ERIC THAU
RENE GOV

14
NOVEMBRE
8 h 03 17 h 07
St Sidoine

RITA ECO - CROATIE

ERIC THAU - AUTRICHE

RENE GOV - NORVÈGE

Ajoutez les lettres de ces mots pour trouver le nom d'une ville.

MELON + TRIPLE

HUMUS + LEO

MONTPELLIER
MULHOUSE

HORIZONTAL ET VERTICAL

	1	2	3	4	5
1					
2					
3					
4					
5					

1 - D’appui ou de seuil

2 - Passion

3 - Cuire

4 - Vestige

5 - Divaguer

16
NOVEMBRE
8h06 17h04
Ste Marguerite

	1	2	3	4	5
1	B	A	R	R	E
2	A	M	O	U	R
3	R	O	T	I	R
4	R	U	I	N	E
5	E	R	R	E	R

COMPLÉTEZ CETTE OPÉRATION.

17
NOVEMBRE

8 h 07 17 h 03

Ste Élisabeth

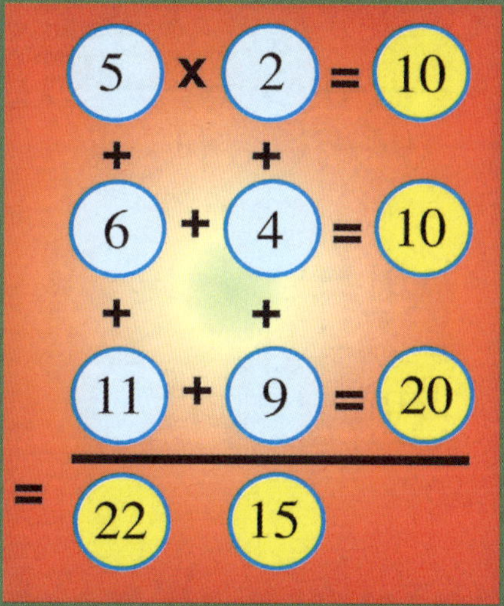
5 x 2 = 10
+ +
6 + 4 = 10
+ +
11 + 9 = 20
= 22 15

Parcourez ce circuit pour revenir au point de départ.

18

NOVEMBRE

8 h 09 17 h 02

Ste Aude

Reliez les étoiles d'une même couleur, sans croiser les tracés.

19
NOVEMBRE
8h10 17h01
St Tanguy

DÉCRYPTEZ CE DINGBATS.

20
NOVEMBRE
8 h 12 17 h 00
St Edmond

Serrer la vis

Trouvez les mots en suivant le sens des flèches.

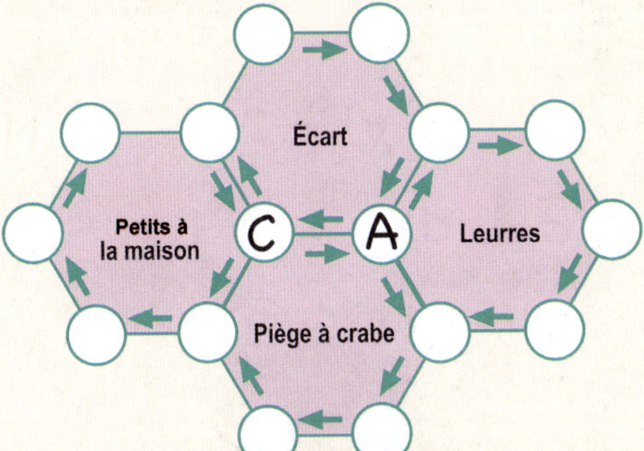

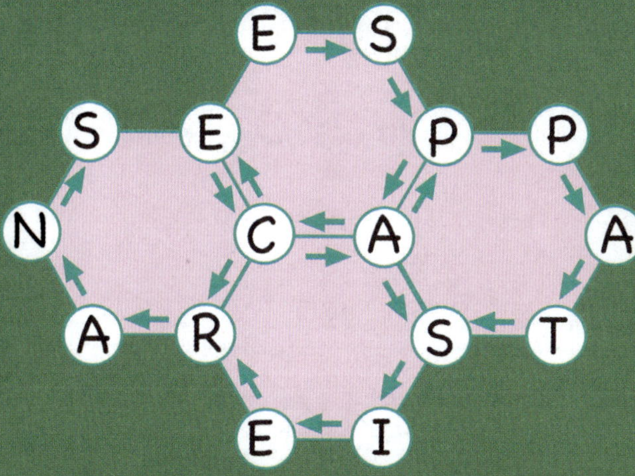
E S
S E P P
N C A A
A R S T
E I

DÉCRYPTEZ CE MESSAGE.

ILUUfatoLuT
mAcUNgEIiR
PoiUEoRvIoO
VcURTafE

22
NOVEMBRE
8h15 16h58
Ste Cécile

ILUUfAtoLuT
mAcUNgEliR
PoiUEoRvIoO
VcuRTafE

Il faut manger pour vivre.

Il ne faut garder

que les lettres vertes.

Passez de HERBE à FEMME puis à TERME en changeant une lettre par ligne.

H	E	R	B	E	H	E	R	B	E
F	E	M	M	E	T	E	R	M	E

23

NOVEMBRE

8 h 16 16 h 57

St Clément

HERBE
GERBE
GERME
FERME
FEMME

HERBE
VERBE
VERRE
TERRE
TERME

Trouvez le mot commun

à ces trois mots.

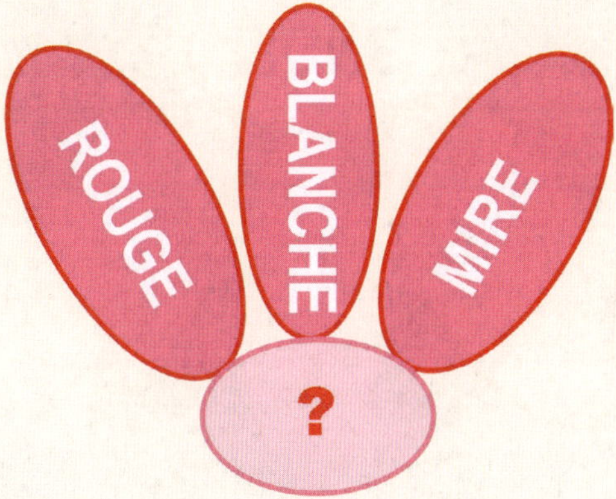

24
NOVEMBRE

8 h 18 16 h 56

Ste Flora

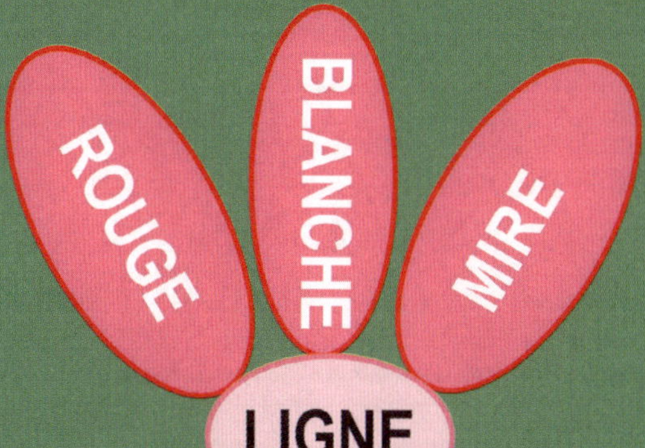
ROUGE
BLANCHE
MIRE
LIGNE

Trouvez au moins vingt mots en utilisant des lettres de FRAMBOISIER dans le même ordre.

FRAMBOISIER
FR IS E

ex. : frise

AME - AMER - AMIE - AIR - AISE

BOIS - BISE - BOISER

FRAIS - FRAISE - FRISE - FRISER - FIER

FOIE - FOIS - FOI - FER

MOI - MOIS - MISE - MISER - MOISE

MOISIR - MER - MIE

OIE - OSIER - OSER - OISE

ROI - ROSIER - ROSE - RAIE - RAMER

RAME - RAMIER - RASER

Ces trois prénoms ont un point commun.

LEQUEL ?

ANNA
EVE
OTTO

26
NOVEMBRE
8h21 16h55
Ste Delphine

Ce sont des palindromes,
lisibles dans les deux sens.

Retrouvez
LES PRÉNOMS cachés dans ces définitions.

- Espace musical
- Animal têtu
- Tissu
- Pièce d'or
- Cousine éloignée

OCTAVE

ANNE

SERGE

LOUIS

GERMAINE

Parcourez ce circuit pour revenir au point de départ en ne passant qu'une seule fois sur chaque point.

28
NOVEMBRE

8 h 23 16 h 53

St Jacques de la Marche

Partagez en cinq zones égales contenant un chien et sa gamelle.

29
NOVEMBRE
8h25 16h53
St Saturnin

Retrouvez les cartes.

À droite de la reine, il y a le valet.
À gauche du valet, il y a du carreau.
À gauche de la reine, il y a du trèfle.
À gauche du carreau, il y a le roi.
À droite du carreau, il y a du pique.

30
NOVEMBRE
8 h 26 16 h 52
St André

V
D
R

DÉCRYPTEZ CE DINGBATS.

1er
DÉCEMBRE

8h26 16h52

Ste Florence, St Éloi

Au suivant

O SUIT VENT

Placez des chiffres tous différents pour obtenir 13 au centre de chaque triangle.

6
7
8
9
5
2
4
1
3

Déplacez **1 seule** allumette pour rétablir **le bon résultat.**

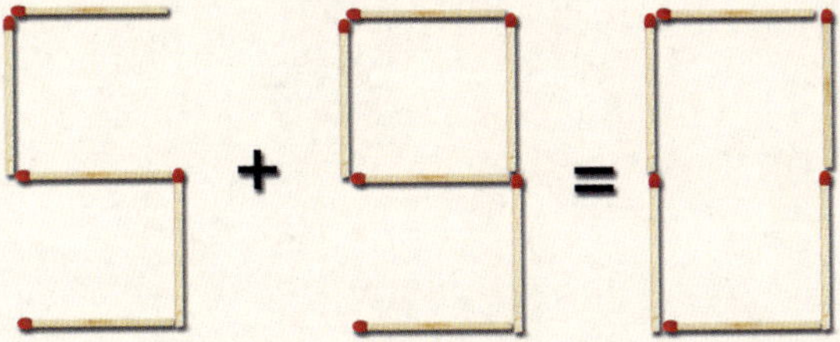

3

DÉCEMBRE

8 h 29 16 h 51

St François-Xavier

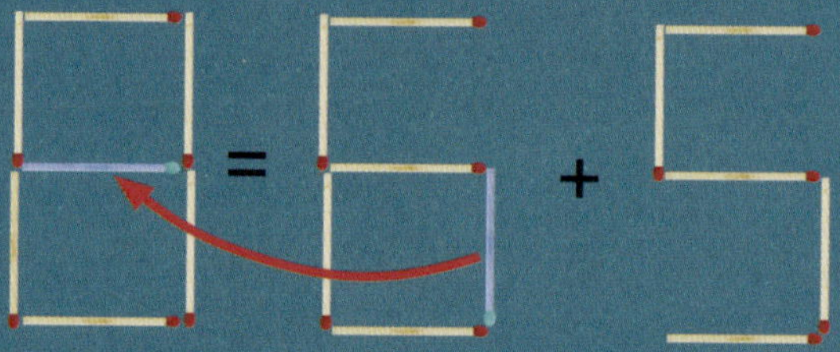

Partez du soleil

pour y revenir en passant par toutes les étoiles sans passer deux fois sur le même chemin.

4

DÉCEMBRE

8 h 30 16 h 51

Ste Barbara, Ste Barbe

Passez de **CIRE** à **BISE** puis à **NOCE** en changeant une lettre par ligne.

C	I	R	E		C	I	R	E
B	I	S	E		N	O	C	E

5

DÉCEMBRE

8 h 31 16 h 50

St Gérald

CIRE	CIRE
AIRE	CITE
AILE	COTE
BILE	NOTE
BISE	NOCE

Trouvez

les mots

en suivant le sens

des flèches.

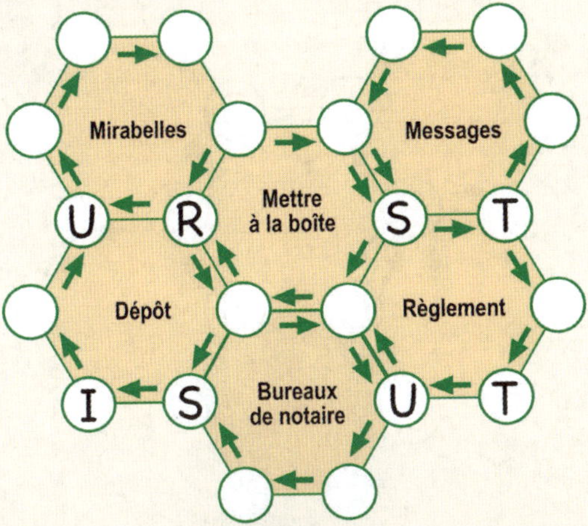

E S T X
N P O E
U R S T
D E T A
I S U T
E D

Passez de **VIE** à **AIR** puis à **PAS** et **BUS** en changeant une lettre par ligne.

V	I	E	V	I	E	V	I	E
A	I	R	P	A	S	B	U	S

VIE	VIE	VIE
MIE	MIE	VUE
MIL	PIE	RUT
AIL	PIS	BUT
AIR	PAS	BUS

Relier les deux étoiles en passant par les points rouges une seule fois sans passer sur les points jaunes.

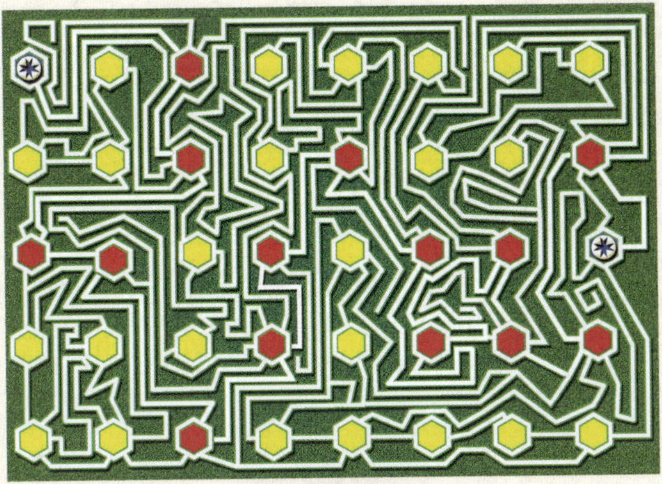

8
DÉCEMBRE
8h35 16h49
Immaculée Conception

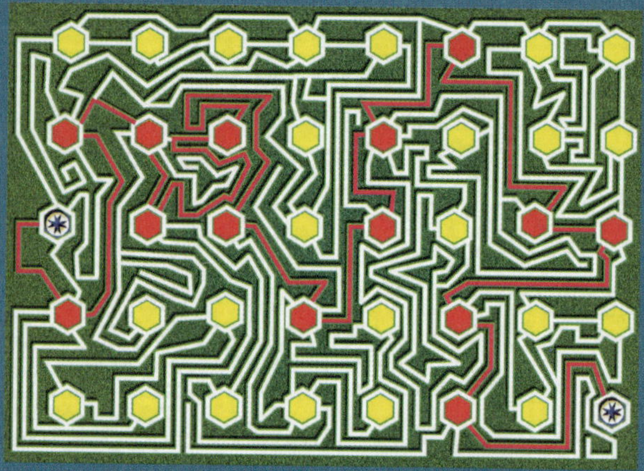

Trouvez le bon chemin pour traverser ce labyrinthe.

9
DÉCEMBRE
8 h 36 16 h 49
St Pierre Fourier

Parcourez ce circuit pour revenir au départ en passant par les points une seule fois.

10

DÉCEMBRE

8 h 37 16 h 49

Ste Eulalie

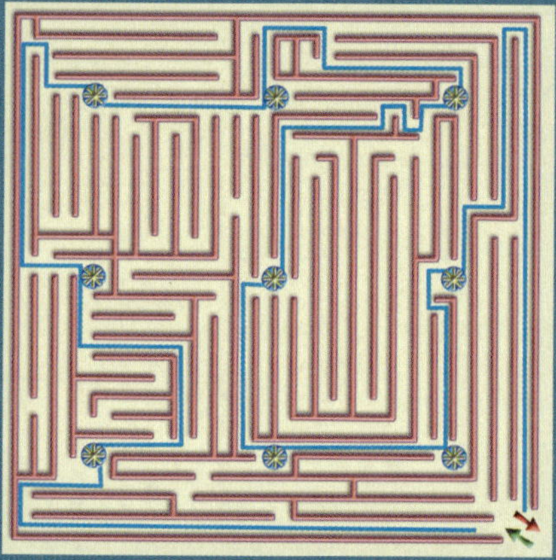

Parcourez ce circuit pour revenir au point de départ en ne passant qu'une seule fois sur chaque point.

11
DÉCEMBRE
8 h 38 16 h 49
St Arthur, St Daniel

Passez de **FORCE** à **ROUGE** puis à **ROUTE** en changeant une lettre par ligne.

F	O	R	C	E		F	O	R	C	E
R	O	U	G	E		R	O	U	T	E

FORCE	FORCE
FORGE	FORTE
GORGE	SORTE
GOUGE	SOUTE
ROUGE	ROUTE

Reliez ce composant électronique à ses plots.

Les pistes ne doivent pas se croiser.

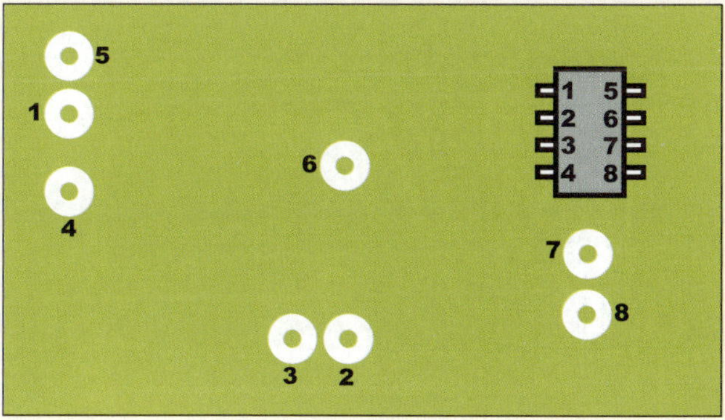

13
DÉCEMBRE
8 h 39 16 h 49
Ste Lucie

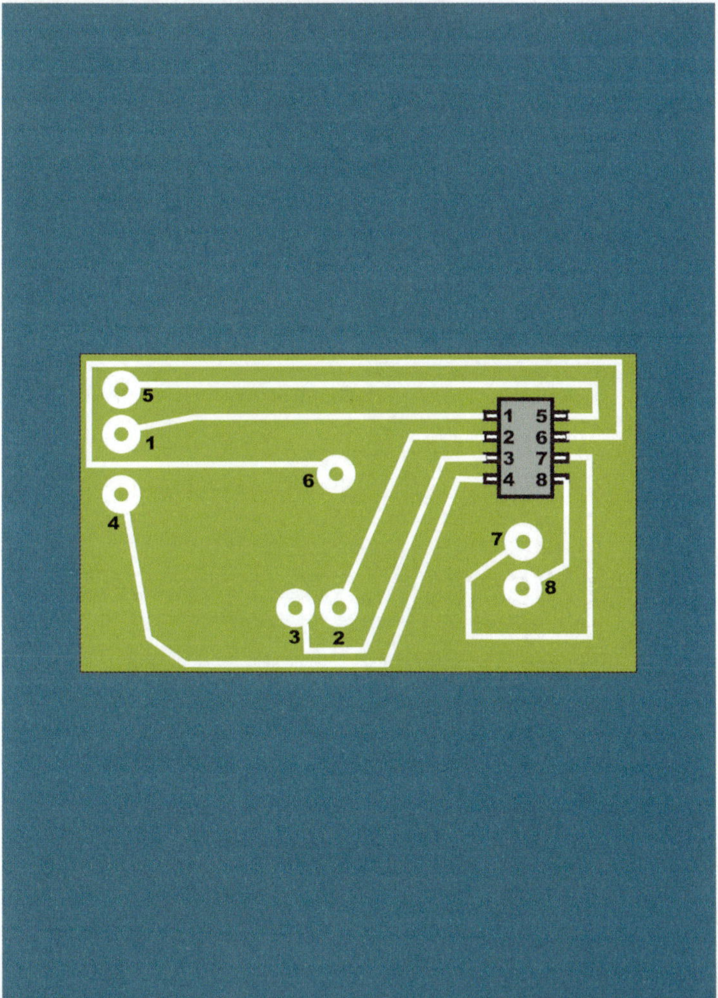
5
1
6
4
3
2
1 5
2 6
3 7
4 8
7
8

Décodez ce langage texto.

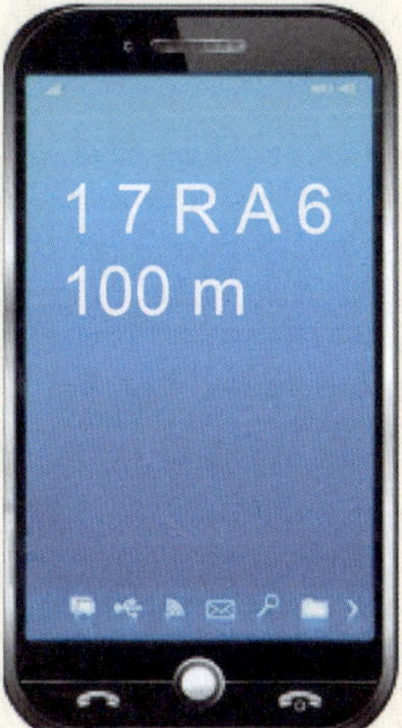

14
DÉCEMBRE

8 h 40 16 h 49

Ste Odile

Un setter assis sans maître

DÉCRYPTEZ CE DINGBATS.

15
DÉCEMBRE
8 h 41 16 h 50
Ste Ninon

Le relevé de banque

L'E RELEVÉ DE BANQUE

Trouvez les mots en suivant le sens des flèches.

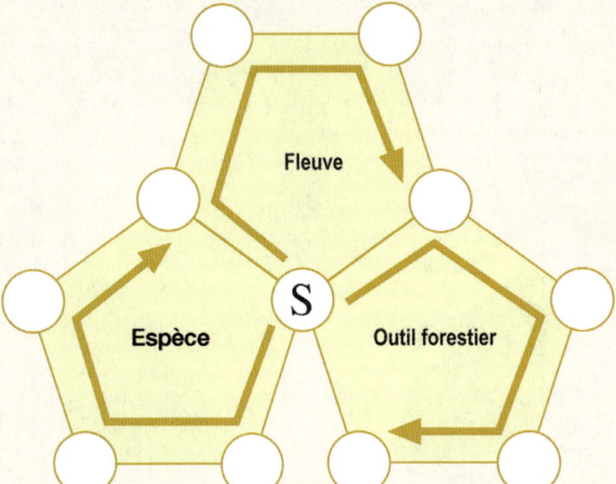

16
DÉCEMBRE
8 h 42 16 h 50
Ste Alice

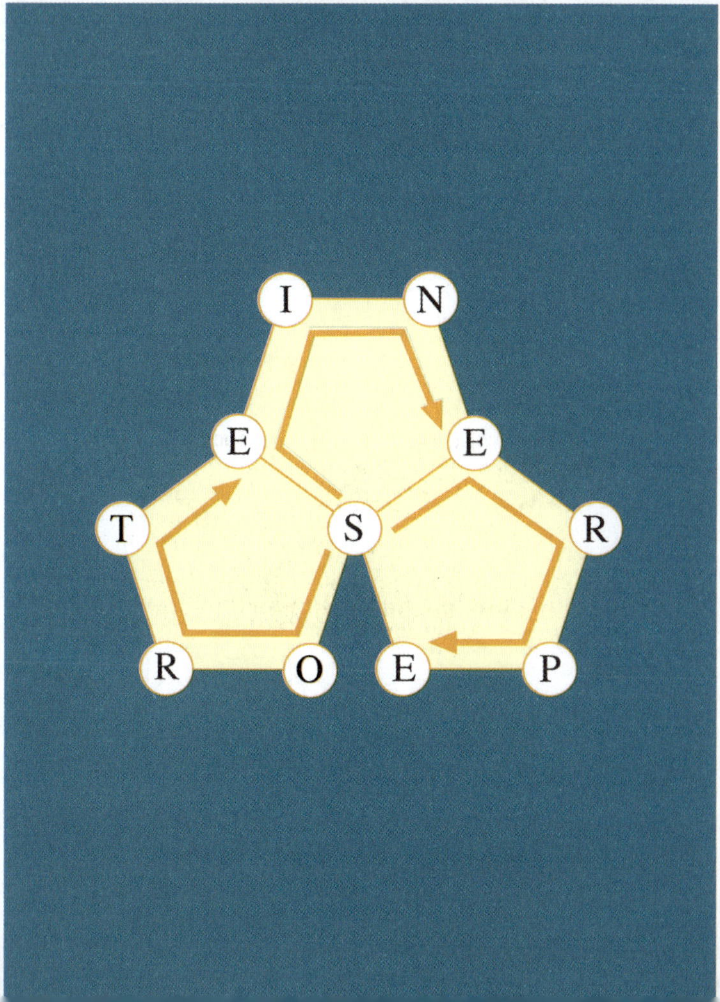
I
N
E
E
T
S
R
R
O
E
P

Trouvez le bon chemin pour traverser ce labyrinthe.

17
DÉCEMBRE
8 h 43 16 h 50
St Gaël

Trouvez des mots de quatre lettres qui ont UI en commun.

	U	I	
	U	I	
	U	I	
	U	I	
	U	I	

18
DÉCEMBRE

8 h 43 16 h 50

St Gatien

NUIT

BUIS

HUIT

SUIF

SUIE

DÉCHIFFREZ CE MESSAGE.

ILe FAuX Fer Lady fer anse Entre
le POt ciblé Le sOuS est table

19
DÉCEMBRE
8h44 16h51
St Urbain

Le texte est en phonétique.

Passez de **VIE** à **MOT** puis à **BAL** et **AIL** en changeant une lettre par ligne.

V	I	E		V	I	E		V	I	E
M	O	T		B	A	L		A	I	L

20

DÉCEMBRE

8 h 44 16 h 51

St Isaac

VIE	VIE	VIE
LIE	VIS	VIN
LIT	BIS	FIN
LOT	BAS	FIL
MOT	BAL	AIL

Trouvez les mots en suivant le sens des flèches.

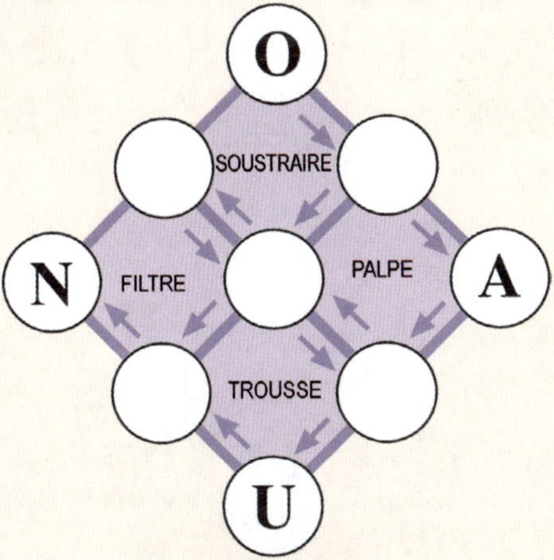

21
DÉCEMBRE
8h45 16h52
Hiver • St Pierre Canisius

O
R
T
N
E
A
I
T
U

Partagez en sept zones égales contenant chacune un point noir et un point rouge.

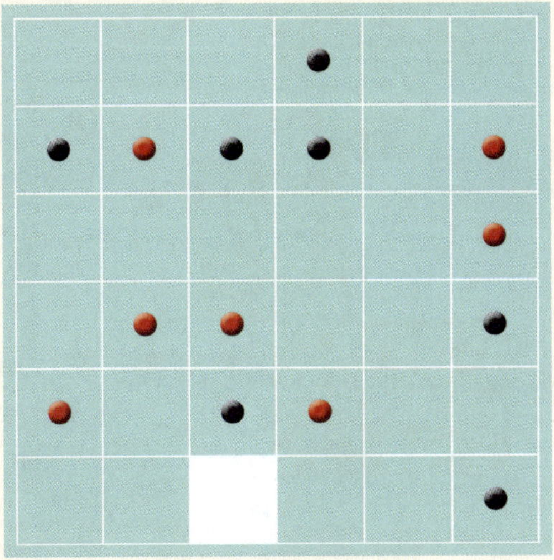

22
DÉCEMBRE
8 h 45 16 h 52
Ste Françoise-Xavière

Combien de boules doivent se placer dans la figure vide ?

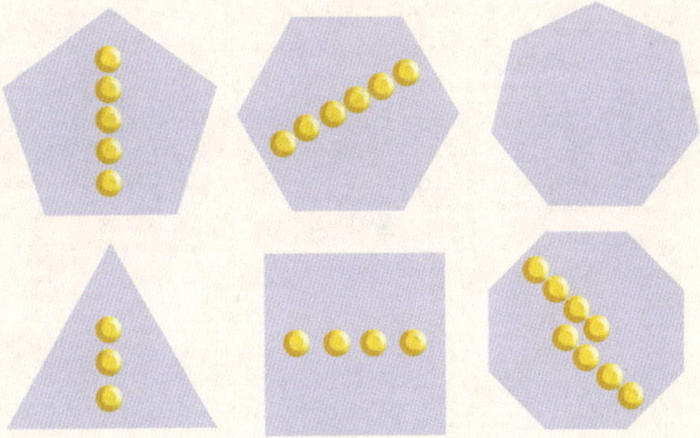

23
DÉCEMBRE
8 h 46 16 h 53
St Armand

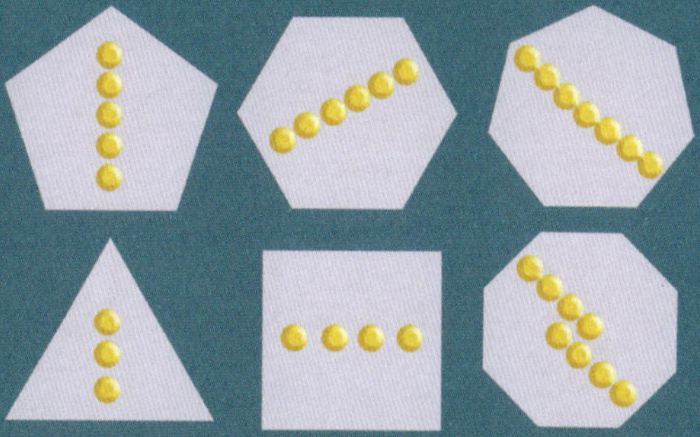

Le nombre de boules
est égal au nombre de côtés
des figures.

Comment peuvent s'écrire les fractions suivantes ?

ex. : 1/2 s'écrit aussi 0,5.

3/4 ....

1/4 ....

4/5 ....

9/5 ....

0,75

0,25

0,8

1,8

DÉCRYPTEZ CE DINGBATS.

25
DÉCEMBRE
8 h 47 16 h 54
Noël

Contrôleur

CONTRE O L'HEURE

Parcourez ce circuit pour revenir au point de départ en ne passant qu'une seule fois sur chaque point.

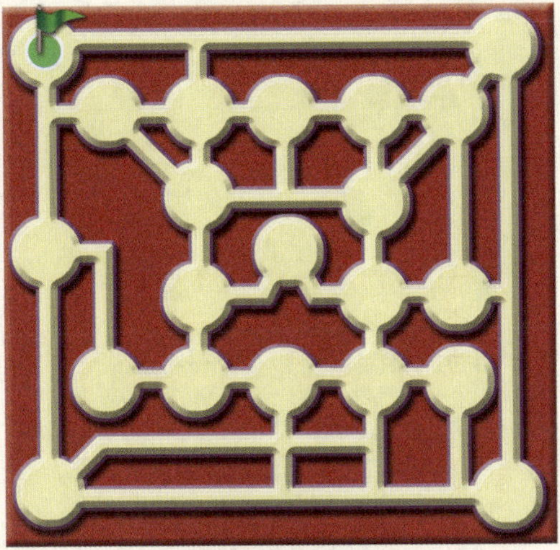

26
DÉCEMBRE
8h47 16h55
St Étienne

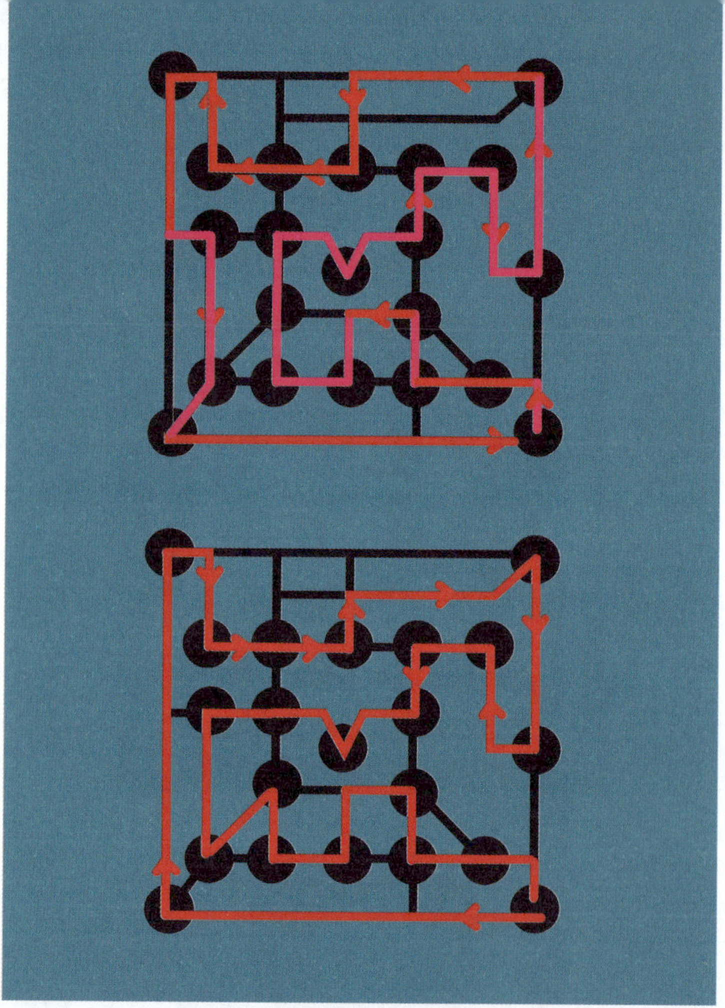

QUE SIGNIFIENT CES LOGOS ?

INRA

INA

ENA

27

DÉCEMBRE

8 h 47 16 h 56

St Jean

Institut national
de recherche agronomique

Institut national de l'audiovisuel

École nationale d'administration

DÉCRYPTEZ CE DINGBATS.

YÉé

28
DÉCEMBRE
8 h 47 16 h 56
Sts Innocents

Essuyer

É SUIT YÉ

Retrouvez les mots qui se prononcent pareil.

ARBRE - COULER

VIF - PRÉVENTION

VÉRANDA - IL A DES BOIS

NOYER

ALERTE

SERRE-CERF

Retrouvez la bonne définition.

CRABOT, n.m.

- Bateau de ramassage des crustacés
- Dispositif permettant de coupler deux pièces
- Sorte de grappin utilisé par les alpinistes
- Engin de chantier pour raboter le macadam
- Autre nom du crabe-araignée

30
DÉCEMBRE
8 h 48 16 h 58
St Roger

Dispositif permettant de coupler deux pièces

Complétez

ces expressions avec un outil de jardinage.

Rouler ....

Se prendre ....

Prendre une carte dans ....

T'as vu ta ....

Dormir tête ....

UNE PELLE

UN RATEAU

LA PIOCHE

BINETTE

BÊCHE